Elisabeth Wirth

Unser gemeinsames Leben mit unserem besonderen Sohn Maximilian W.

Elisabeth Wirth

Unser gemeinsames Leben mit unserem besonderen Sohn Maximilian W.

Das Schicksal schlägt öfter zu, als man glaubt

Verlag Lebensreise

Impressum / Imprint
Bibliografische Information der Deutschen Nationalbibliothek: Die Deutsche Nationalbibliothek verzeichnet diese Publikation in der Deutschen Nationalbibliografie; detaillierte bibliografische Daten sind im Internet über http://dnb.d-nb.de abrufbar.

Bibliographic information published by the Deutsche Nationalbibliothek: The Deutsche Nationalbibliothek lists this publication in the Deutsche Nationalbibliografie; detailed bibliographic data are available in the Internet at http://dnb.d-nb.de.

Coverbild / Cover image: www.ingimage.com

Verlag / Publisher:
Verlag Lebensreise
ist ein Imprint der / is a trademark of
OmniScriptum GmbH & Co. KG
Heinrich-Böcking-Str. 6-8, 66121 Saarbrücken, Deutschland / Germany
Email: info@verlag-lebensreise.de

Herstellung: siehe letzte Seite /
Printed at: see last page
ISBN: 978-3-639-64277-3

Inhaltsverzeichnis:

~ Vorwort ~

Dieses Buch habe ich für meinen Sohn Maximilian geschrieben. Aber auch für meine Familie. Denn genau das hilft mir dabei, all das was passiert ist, zu verarbeiten. Angefangen hat es damit, dass ich einfach nicht wusste, wie ich meine ganzen Gedanken verarbeiten soll. Soviel hatte ich zu erzählen. Dann kam ich auf die Idee, einen Block zu erstellen, in dem ich meine Gedanken regelmäßig festhielt. Ich hatte das Bedürfnis, mich mitteilen zu wollen, um anderen Eltern, Angehörigen und jenen, die in einer ähnlichen Situation sind, wie ich mit meiner Familie, aufzuzeigen, wie man es gemeinsam schaffen kann. Nur gemeinsam kann man einen solchen Schicksalsschlag überwinden.
Darum hoffe ich, dass dieses Buch anderen eine Hilfe sein kann, mit einer solchen Efahrung, die die ganze Familie betrifft, umzugehen und niemal aufzugeben!
Ich wünsche Ihnen, dass sie die Kraft haben, das Beste aus ihrer Situation zu machen. Selbst wenn es mal schwer ist. Und auch wenn man manchmal gar nicht mehr weiß, wie es weitergehen kann, sollte man sich immer vor Augen halten, wie tapfer und stark so ein Kind sein kann. Egal was kommt und egal vor welchen Herausforderungen man steht. Diese, unsere besonderen Kinder, geben uns sehr viel Ausdauer und so viel Freude. Man sollte daher jede Minute mit ihnen genießen.
Auch wenn es mal nicht ganz einfach mit ihnen ist.

... Elisabeth Wirth ...

„Du kannst deinen Kindern deine Liebe geben, nicht aber deine Gedanken. Sie haben ihre eigenen.“

Khalil Gibran

Die Geschichte beginnt:

Worte von Tobias, dem Bruder von Maximilian.

Hallo,

mein Name ist Tobias. Man nennt mich aber auch einfach nur Tobi. Geboren bin ich am 10.02.2004 in Reinbek und bin der kleine Bruder von Maximilian. Ich liebe ihn sehr, mag er noch so anders sein, als andere Kinder. Ich bin immer hilfsbereit und wenn ich guter Laune bin, dann kommandiere ich auch gern mal herum. Da bleibt auch mein großer aber doch kleiner Bruder Maxi nicht verschont davon. Für mich ist Maxi mein kleiner Bruder, selbst wenn er älter ist als ich, weil ich immer auf ihn aufpasse, damit ihm nichts passiert. Wir gehen in den selben Kindergarten und der heißt "Zauberwald". Der ist hier bei uns in Wentorf. Das ist ein Integrationskindergarten, wo alle besonderen Kinder hingehen und super betreut werden.
Ich bin oft ein kleiner Frechdachs und schon fast allen Kindern überlegen. Wobei ich für mein Alter sehr groß geraten bin. Deshalb schätzen mich die meisten Leute immer älter. Wenn man ein Geschwisterkind von jemand ganz besonderen ist, muss man auf viele Sachen verzichten und oft einiges mit der Familie unternehmen.
Es ist beispielsweise so, dass wir niemals alle zusammen ins Kino gehen könnten, weil Maxi nicht lange sitzen bleiben würde. Wenn meine Mama bei der Arbeit ist oder in der Schule, dann kann mein Papa nicht so einfach mit mir Fahrradfahren gehen. Denn Maxi kann mit seinen fast 6 Jahren noch nicht alleine fahren. Es muss also immer jemand dabei sein und sich mit ihm beschäftigen, damit ich und Papa mal ausgelassen Fahrradfahren gehen können. Wenn wir dann doch mal gemeinsam mit dem Fahrrad unterwegs sind und Mama ist dabei, dann sitzt Maxi in seinem Fahrradanhänger und ich und Papa fahren immer schon ein paar Meter vor. Mama fährt dann mit Maxi hinter her. Manchmal muss ich meine Bücher im Schlafzimmer von Mama und Papa vor Maxi verstecken, weil er sie schon gern mal kaputt macht. Nur bin ich dann immer sehr traurig, wenn es eines meiner Lieblingsbücher war. Meine Mama unternimmt auch viel mit Maxi. Unter anderem gehen sie zum Integrationsschwimmen, wo ich auch gerne mitkomme. Und ebenso hat Mama auch schon eine Spielgruppe mit Maxi besucht. Mich hat Mama vor kurzem in eine Bastelgruppe angemeldet.
Das macht richtig viel Spaß. Ich war immer schon sehr kreativ. Aber auch sonst richten sich meine Eltern viel mehr nach dem Maxi, wo ich dann zurückstecken muss. Die Mama passt schon auf, dass ich bei den ganzen Terminen nicht zu kurz komme. Die für Maxi unheimlich wichtig sind.
Ja, berichten möchte ich freudig, dass Maxi am 1. September in die Schule kommt. Dann bin ich alleine im Kindergarten. Mal schauen, wie das so wird.
Hoffentlich wird Maxi dort gut behandelt und kann wieder etwas dazu lernen.
Die sind sehr gut ausgestattet in dieser speziellen Schule.
Er soll einen Talker bekommen. Ein Gerät, bei welchem Mama und die Lehrer hinein

sprechen werden und Max die besprochenen Tasten drücken muss, wenn er etwas möchte. Dies wurde von der Schulleitung vorgeschlagen. Tja, erst einmal wird er eh mit dem Teil spielen, weil er so was schon immer toll fand.
Wenn man irgendwo drückt, dann kommen Laute heraus. Das findet Max super. Er wird erst mal damit lernen müssen umzugehen und wird begreifen müssen, dass es nicht zum spielen gedacht ist. Das wird seine Zeit dauern.
Es ist jetzt etwas Zeit vergangen, mein Bruder geht nun seit dem 4.September zur Schule und ich bin sehr traurig, wenn Maxi mit dem Schulbus abfährt. Klar, meine Mama tröstet mich dann gleich und weint auch mit. Wir werden uns noch daran gewöhnen. Dann wird es uns nicht mehr so schwer fallen, zu sehen, wie er weg fährt. Es wird noch Zeit brauchen, bis es für uns normal ist.

***

Wo jetzt noch etwas Zeit vergangen ist, wir uns an die Situation gewöhnt haben, dass Maxi in diese Schule geht und es sogar zum Alltag dazu gehört, fehlt er mir trotzdem manchmal in meinem Kindergarten. Ich werde nun bald fünf Jahre alt und nächstes Jahr geht es auch für mich in die Schule. Aber das ist noch gaaaanz lange hin.

***

Die Feier zu meinem fünften Geburtstag war wirklich schön und auch Maxi hat sie Gefallen. Da wir im Kissland Wentorf waren. Dort gibt es eine schöne große Landschaft aus Matratzen und wir konnten uns ausgiebig austoben. Besonders toll fand ich die Hüpfburg.

***

Seit dem 24.08.2010 gehe ich nun in die Schule. Nur ist es eine ganz andere, wie in die Maxi geht. Aber auch mir macht die Schule unheimlich viel Spaß und ich kann schon ein paar Worte schreiben. Zahlen habe ich ebenfalls schon viele gelernt. Maxi ist bereits in der dritten Klasse.

„Mit den Kindern muss man zart und freundlich verkehren.
Das Familienleben ist das beste Band.
Kinder sind unsere besten Richter.“

Otto von Bismarck

Maximilians Geburt

Das ist die Lebensgeschichte von unserem Sohn Maximilian, welcher am 25.06.2002 im Krankenhaus Barmbek Hamburg als sogenanntes Frühchen geboren wurde. Er kam in der dreiunddreißigsten Schwangerschaftswoche über einen Notkaiserschnitt zur Welt. Und eigentlich war der ursprüngliche Geburtstermin am 12. August 2002. Vor der plötzlichen Geburt unseres Sohnes bin ich mit Vorwehen ins Krankenhaus Reinbek eingeliefert worden. Dort habe ich zunächst einen Wehentropf bekommen, damit die Wehen gestoppt wurden. Nach vier Tagen wurde mir geraten, das Krankenhaus zu wechseln, weil das Reinbeker Krankenhaus keine Frühchenstation hatte. An dieser Stelle ahnte ich bereits, dass etwas nicht stimmte. Ich habe mich also verlegen lassen. Nach vier Tagen Wehentropf, was im Barmbeker Krankenhaus auch gut funktioniert hatte, wurde dann ein Ultraschall gemacht. Die Ärzte benutzten natürlich ihre Arztsprache, die ich nicht verstehen konnte. Plötzlich ging alles so schnell, dass ich mich nur noch daran erinnern konnte, wie mir mir gesagt wurde, dass ein Kaiserschnitt notwendig wäre. Ich rief meinen Mann auf der Arbeit an, um ihm zu sagen, das unser Sohn bald auf die Welt geholt wird. Sofort war er bei mir. Noch bevor ich in den Op kam. Mir wurde die Spinalanästhesie gelegt. Ein Verfahren, was bei Geburten mit Komplikationen verwendet wird. Wegen den Nebenwirkungen durfte mein Mann mit in den Op, um mir Beistand zu leisten. Ich habe alles bewusst mitbekommen und am Ende hatten wir uns gefreut, als uns unser „Sonnenschein" gezeigt wurde. Wir haben natürlich auch ein paar Namen parat gehabt und uns letztendlich für den Namen Maximilian entschieden.

Irgendwann hatten wir uns mit dem Gedanken angefreundet, früher als gewollt, Eltern zu werden. Heutzutage ist die Medizin schon so weit, dass selbst ein Frühchen sehr gut versorgt werden kann und es somit viel bessere Chancen zum Überleben hat. Das waren unsere Gedanken. Doch dann nach vier Tagen kam der Chefarzt zu uns. Er meinte, er müsste mit uns reden. Es klang ernst. Da wir erst ein paar Tage in der Klinik waren und ohnehin eine komische Vorahnung hatten, dass da etwas nicht stimmte, musste es sich um eine schlechte Nachricht handeln. Dann saßen wir im Büro des Chefarztes. Er hatte nichts positives zu sagen. Er meinte, dass Max einen dreieckigen Kopf hätte und es ein Zeichen für eine Behinderung sei. Daraufhin wurde mir, meinem Mann und Max Blut abgenommen, um zu sehen, ob im Blut von uns und von Max etwas Nachweisbares zu finden wäre, was er für eine Behinderung haben könnte. Es gibt immerhin verschiedene Behinderungen. Nach etwa zwei Tagen war das Ergebnis da.

Nun konnte uns endlich gesagt werden, an was Max sein Leben lang zu leiden hatte. Wieder wurden wir in das Büro des Chefarztes gebeten, wo er uns sagte, dass Max eine seltene Chromosomenanomalie hat. Ein Fehler des vierten und fünften Chromosoms. Sie könnten aber dazu nichts weiter sagen, da es diese Art von Chromosomenanomalie noch nie zuvor gab. Ich bin der Träger dieses Chromosoms, welches ich meinem Sohn vererbt habe. Aber bei mir hat die Natur nicht so mit den Chromosomen jongliert, wie bei Maximilian, wurde uns weiterhin erklärt. Sie haben uns einen Termin beim besten Humangenetiker mitgegeben, den es in Hamburg gibt. Er sollte uns dann weiteres dazu erklären, aber bei dem

Gespräch ist nicht viel dabei heraus gekommen. Er konnte uns genauso wenig erzählen, wie der Arzt im Krankenhaus. Wir erfuhren von Fällen, die sich mit dem von Maxis ähnelten. Keiner davon war annähernd wie der von unserem Sohn. Ein Satz fiel mir besonders auf: „Ein Mädchen von vierzehn Jahren hat sogar das Lesen und schreiben gelernt.“ Wir hatten den Verdacht, dass Maxi möglicherweise nie lesen und schreiben lernen könnte. Aber man soll die Hoffnung bekanntlich nie aufgeben!

Das erste Mal durfte mein Mann unseren Sohn auf dem Arm halten. Dabei war ich kurz eifersüchtig. Jede Mutter möchte ihr Kind doch als Erste auf dem Arm haben. Aber da ich kräftemäßig noch sehr geschwächt war, immerhin hatte ich erst einen Kaiserschnitt hinter mir, ließ ich ihm freiwillig den Vortritt.

Nach einer langen Zeit und dem Aufenthalt in der Notintensivstation sind wir dann auf die normale Frühchenstation verlegt worden. Dort war es gleich viel angenehmer. Es piepste nicht ständig und es war heller im Zimmer. Maxi lag nicht mehr im Inkubator. Er hatte ein Wärmebettchen bekommen und wir konnten nun selbständiger sein. Jedenfalls das Anziehen, waschen und auf den Arm nehmen war wesentlich angenehmer. Maximilian nahm regelmäßig zu und wir konnten ihn nach insgesamt sieben Wochen mit nach Hause nehmen. Es war einer der schönsten Tage für uns. Am selben Tag wie Maxi nach Hause durfte, hatte mein Mann Geburtstag. Als wir dann Zuhause waren, wussten wir nicht, wie wir es unseren Eltern und Verwandten sagen sollten, dass Maximilian anders war als andere Kinder. Wir hatten es bis dato selbst noch nicht ganz realisiert und es anderen zu sagen war noch viel schwieriger. Erst nach ungefähr einem halben Jahr haben wir uns ein Herz genommen und beschlossen, es unseren Eltern zu sagen.

Wir haben sie zu Kaffee und Kuchen eingeladen. Unsere Herzen klopften wie wild. Wir wussten nicht, wie sie reagieren würden. Würden sie unseren Maxi ablehnen oder akzeptieren so wie er war. Meine größte Angst war, dass sie sich nicht arrangieren könnten, dass unser Sohn ein Leben lang mit einer Behinderung leben musste. Schließlich konnten wir es nur herausfinden, wenn wir es ihnen sagten. So kam der für uns alles entscheidende Moment und sie reagierten zunächst schockiert. Sie haben uns daraufhin aber gleich angeboten, uns immer zu helfen. Uns fiel ein riesiger Stein vom Herzen. Nein, ein ganzer Haufen großer Steine.

Es war endlich raus. Wir hatten es ihnen gesagt und sie reagierten so, wie wir es uns erhofft hatten. Und dann haben es natürlich auch alle anderen erfahren. Unsere Eltern erzählten es ihnen und nahmen uns dies ab.

***

Doch später kamen andere Probleme auf uns zu. Maximilian wurde ständig krank. Er bekam in regelmäßigen Abständen eine Bronchitis nach der anderen und bald wurde daraus eine chronische Lungenentzündung. Die Kinderärztin, die wir zunächst aufsuchten, schickte uns permanent ins Krankenhaus. Aber weiter weg, nämlich in den Wilhelmsstift nach Rahlstedt. Die Zeit in dieser Einrichtung war sehr schlimm für uns. Ich kann mich noch gut daran erinnern, dass ich so schnell wie möglich von dort wieder weg wollte. Schrecklich wenn man nur noch Krankenhäuser von innen sieht und das so oft. In Eppendorf hatte Max einen Leistenbruch, den er schon in Barmbek hatte und den keiner von den Krankenschwestern bemerkt hatte. Erst als dieser der Kinderärztin auffiel, wurde er endlich behandelt. Dann war dies im Wilhelmstift mehrmals der Fall. Nachdem wir diese Aufenthalte überstanden hatten, mussten wir uns auf die nächsten Aufenthalte in anderen Kliniken vorbereiten. Denn Maximilian hatte einen Herzfehler, der schnell operiert werden musste.
Es folgte die Uniklinik in Kiel wo wir zweimal hin mussten. Aber irgendwann zählt man nicht mehr mit und versucht stattdessen diese Zeit zu verdrängen. Es waren schlimme Momente dabei und sie schienen für uns kein Ende zu nehmen. Jedes Krankenhaus fand neue Diagnosen. Man blickt irgendwann nicht mehr durch. Man lernt so viel neues kennen und das Leben lebt man plötzlich anders. Intensiver, weil man einfach nicht weiß, was noch alles auf einen zukommt.
Der erste Aufenthalt in Kiel war gleichzeitig der reinste Horror für uns. Maxi hätten wir dort fast verloren. Denn er bekam im Krankenhaus einen Virus und musste, ohne das er die Herz Operation hinter sich gebracht hatte, wofür er immerhin dort war, auf die Intensivstation. Er hatte zwei Bluttransfusionen über sich ergehen lassen müssen und schwebte in Lebensgefahr. Wir bangten um sein Leben und waren zur jeder Zeit bei ihm. Keiner wusste, wie lange er noch zu leben hatte. Doch sein Zustand besserte sich. Gott sei Dank! Nach zwei Wochen durfte Maxi, noch nicht ganz stabil aber auf dem Weg der Besserung, auf die normale Herzstation zurück. Man hatte uns gesagt, dass wir erst mal nach Hause fahren durften, da kein neuer Termin für die Herz Operation verfügbar war. Dann stand endlich der nächste Termin fest und wir sind erst einen Abend vor der Operation ins Krankenhaus gefahren, da wir Angst hatten, dass er sich wieder etwas einfangen könnte. In dieser Nacht bekam Maxi hohes Fieber und die OP musste erneut verschoben werden. Wir sind also wieder nach Hause und waren schon sehr erschöpft. Beim dritten Mal als ein weiterer Termin fest stand, haben die Krankenschwestern als wir nur mal zum Mittag was essen waren, die Fenster sperrangelweit offen gelassen, obwohl Maxis Bettchen direkt am Fenster stand. Man kann sich sicher vorstellen, was passierte. Er wurde wieder krank und wir reisten erneut nach Hause.
Diesmal habe ich schon fast die Beherrschung verloren und mich mit dem Pfleger der Station angelegt. Wenn meine Mutter nicht dazwischen gegangen wäre, hätte ich ihm womöglich eine gescheuert. Denn wie Maxi da so krank auf der Herzstation lag, musste er ständig abgesaugt, abgeklopft und inhaliert werden. Und der Pfleger dachte sich wohl, dass er sich mit so einem vibrierendem Teil am Rücken des Jungen zu schaffen machen konnte, damit

sich der Schleim der in den Bronchien auflöste. Erneut ohne uns zu fragen. Er hat die Gelegenheit genutzt, als wir beim Essen waren und hat somit das Leben unseres Sohnes aufs Spiel gesetzt. Als wir wiederkamen, haben wir Maxi weinen gehört und wunderten uns, warum er nicht in seinem Bettchen war, sondern auf dem Wickeltisch lag und der Pfleger mit diesem merkwürdigen Gerät über ihn gebückt, an Maxis Rücken schrubbte. Ich habe dem Pfleger daraufhin gesagt, dass er augenblicklich damit aufhören soll. Er versuchte sich mit mir anzulegen, nur habe ich es nicht zugelassen, dass er mit meinem Kind tat was er wollte. Ich war nicht einverstanden damit, was er da veranstaltete und er drehte es sich so, dass ich keine Maßnahmen zulassen wollte, um die Bronchitis beziehungsweise den Schleim der in den Bronchien hing, lösen zu lassen. Dabei bin ich fast wahnsinnig geworden und habe mich im letzten Moment doch noch zurückgehalten. Sonst hätte es ordentlich gekracht. Die ganze Station bekam mit, was los war. Aber das war mir in diesem Moment völlig egal. Es konnte doch nicht angehen, dass ein Pfleger nicht von einem schreienden und weinenden Kind ablässt. Wie lieblos und unsensibel muss man eigentlich sein?
Na ja, der Termin für die Operation stand noch einmal fest und beim vierten Anlauf lief auch alles nach Plan. Jetzt hatten wir Angst, dass bei der Herz Operation etwas schief gehen könnte. Es ging jedoch alles gut und nach fast sechs Stunden hatte es Maxi überstanden und lag auf der Intensivstation. Wir durften ihn sogleich besuchen. Die ganzen Schläuche und die piepsenden Geräusche der Monitore waren kein schönes Bild. Mein Mann hatte gleich einen Stuhl zu fassen bekommen, mir wollte die Krankenschwester noch einen zweiten holen aber ich hatte in diesem Moment nicht den Nerv dafür. Ich bin selbst auf die Suche nach einem Stuhl gegangen und im Flur wurde mir plötzlich komisch. Es wurde mir plötzlich schwarz vor Augen und ich fiel um. Dabei stieß ich mit meinem Gesicht gegen einen harten Gegenstand und meine Brille lag neben mir, als ich wieder zu Bewusstsein kam. Ich spürte, wie meine Nase blutete und anschwoll. Was war nur mit mir passiert?
Die ganze Last der letzten Wochen, die ich für unseren Sohn auf mich genommen hatte, war mir zum Verhängnis geworden. Meine eigene Erschöpfung hatte sich nach all den Strapazen bemerkbar gemacht. Nun musste ich selbst ins Krankenhaus, damit man feststellen konnte, ob bei mir alles in Ordnung war. Die Ärzte wollten mich da behalten. Aber ich bin nicht geblieben, schließlich hatte ich meinen Sohn gerade nach der Herz Operation gesehen und wollte zu ihm und bei ihm bleiben.
Schließlich durfte ich auf eigene Gefahr gehen. Nach vier Tagen durfte Maxi auf die normale Kinder-Herzstation. Alle Schläuche wurden entfernt. „Endlich“, dachten wir uns und nach nochmals sechs Tagen wurden er dann entlassen. Wir durften nach Hause und unseren Sonnenschein wieder bei uns haben. Danach war Maxi auch lebhafter, hat nicht mehr so viel geschlafen und war endlich auch mal länger wach. Er hat kleine Fortschritte gemacht, wie sich im Liegen zu drehen. Das war super toll!
Dann, fast Ende Mai, habe ich durch einen Test aus der Apotheke erfahren, dass ich schwanger bin. Im ersten Moment wusste ich nicht, was ich machen soll. Ich habe nur geheult und konnte mich kaum beruhigen. Nach dem ganzen Stress und dem Bangen, um das Leben meines Sohnes, wuchs ein neues Leben in mir heran.

Ich wusste, dass sich Daniel, mein Mann, freuen würde, wenn ich es ihm am Abend erzähle. Als er nach der Arbeit nach Hause kam, war ich leider nicht da. Aber ich hatte ein Ultraschallbild auf den Tisch gelegt. Damit er es gleich sehen konnte, wenn er nach Hause kam. Nachdem ich mit Maxi nach einem Spaziergang zurück kam, war Daniel schon da. Ich fragte ihn, wie er es fand, dass ich wieder schwanger war. Er hat sich, wie ich vermutete, gefreut und mir liefen Freudentränen über das ganze Gesicht. Nun mussten wir uns entscheiden, ob wir es darauf ankommen lassen oder doch Sicherheit haben wollten. Wir entschieden uns für den sicheren Weg und machten eine Fruchtwasseruntersuchung im Bethesta - Krankenhaus Bergedorf. Natürlich haben wir bei einem Vorgespräch mit dem zuständigen Arzt auch unsere schlimmsten Befürchtungen ausgesprochen. Man möchte immerhin vorbereitet sein.
Man sagte uns, wie es weiter gehen würde, falls das Kind ebenso wie Maximilian behindert auf die Welt kommen würde. Da wurde mir plötzlich schlecht und ich musste wie ein „Schlosshund heulen". Ich wusste nicht, ob ich eine Abtreibung verkraften würde, falls es nötig war. Nach der Fruchtwasseruntersuchung in der zwölften Schwangerschaftswoche mussten wir warten. Es war eine ungewisse Zeit für uns. Man sagte schließlich, dass das Ergebnis in circa zehn Tagen vorliegen würde. Aber schon nach sieben Tagen, rief mich mein Frauenarzt an und übermittelte mir die positive Nachricht. Mein Herz schlug mir bis zum Hals. Ich musste mich setzen. Er begann seine Erklärung: „Die Ergebnisse ..." Ich hörte nur noch, wie er sagte: „... es ist gesund und es wird ein Junge". Da fiel mir ein riesiger Brocken vom Herzen und ich heulte schon wieder. Als ich Daniel auf der Arbeit angerufen, um ihm die gute Nachricht mitzuteilen, weil er bei dem Termin nicht mit dabei sein konnte, war er sehr erleichtert und überglücklich. Wir bekamen ein gesundes Kind. Das war für uns zu dieser Zeit ein Traum. Es war auch ein gemeinsamer Wunsch, dass Maxi nicht alleine, ohne Geschwister, aufwuchs.
Die Schwangerschaft verlief normal. Alles war toll. Ich fühlte mich sehr gut und freute mich auf unser zweites Kind. Als es am 9.02.2004 soweit war, hatte ich leichte Wehen und ließ mich von Daniel ins Krankenhaus fahren. Auf Maxi passte unsere Nachbarin und Freundin auf. Wir wurden diesmal aber wieder nach Hause geschickt, weil die Wehen noch zu schwach waren. Dann am nächsten Tag bekam ich plötzlich heftigere Wehen. Es war der 10.02.04 und um halb vier morgens als ich Daniel weckte. Wir zogen uns an und baten unsere Nachbarin, sich doch noch mal um Maxi zu kümmern. Zumindest bis meine Mutter da sein würde. Das war alles Gott sei Dank geplant. Anschließend habe ich noch ein paar SMS verschickt, dass es losgeht und dann sind wir ins Krankenhaus gefahren. Meine Wehen kamen immer in Abständen von ein bis zwei Minuten. Mir blieb also keine Pause dazwischen. Wir sind im Krankenhaus sofort aufgenommen worden. Ich wurde untersucht und mein Muttermund war bisher nur drei Zentimeter offen, was für eine Geburt nicht reichte. Damit es weiter gehen konnte, hat man uns in den Krankenhausflur geschickt, um einen kleinen Spaziergang zu machen. Jedoch half es nicht. Ich musste mich wieder hinlegen.
Schmerzmittel bekam ich keine, da Maximilian per Kaiserschnitt zur Welt kam und nun das Risiko bestand, dass die Narbe aufgehen könnte und man dadurch innerlich verbluten würde.

Damit das nicht passierte und ich spüren konnte, wenn etwas passierte, ließ man die Schmerzmittel weg. Nach stundenlangem Quälen, hat man mir dann die Fruchtblase geöffnet. Vorher hatte unser Baby auch nicht wirklich mitgemacht, denn der schlief zwischenzeitlich ein. Damit er wieder aufwachte, hat man ihn mit einer Art Klingel geweckt. So erschrocken wie er war, hakte er sich dabei in den Mutterleib ein. Man stellte dann fest, wo das Fruchtwasser auslief und dann ging alles sehr schnell.
Die Herztöne gingen in den Keller, die Krankenschwestern wurden nervös und der Arzt wurde geholt. Man entschied sich für einen Kaiserschnitt. Ich dachte nur: „Nicht schon wieder. Was ist los? Ist alles in Ordnung mit meinem Kind? Was passiert gerade?“ Ich habe mich bereit erklärt, den Kaiserschnitt machen zu lassen, weil das Leben meines zweiten Kindes auf dem Spiel stand. Da lässt man alles mit sich machen. Damit alles gut ausgeht. Nun landete ich wieder auf dem Operationstisch. Die Spinalanästhesie hatte ich leider nicht vertragen. So mussten sie mich unten aufschneiden und weil mir übel war, musste ich mich ständig übergeben.
Tobias, unser zweiter Sohn, wurde problemlos geboren. Komisch war es, denn als er das Licht der Welt erblickt hatte, gab er keinen Ton von sich. Ich habe den berühmten Klaps auf den Rücken gehört, doch es kam kein Ton. Er wurde weg gebracht. Mein Herz blieb fast stehen vor Angst. „Oh nein, bitte nicht“, dachte ich bei mir und plötzlich hörte ich ihn. Die Welt stand für einen Augenblick still, bevor sie sich weiterdrehte. „Alles in Ordnung“, sagte man uns. Anschließend durften wir im Kreißsaal unser Glück als Mutter und Vater eines gesunden Jungen genießen.
Jetzt kam ein bisschen Normalität in unser Leben.
Ein schöner Moment für uns, den wir nicht vergessen werden.

***

Zuhause angekommen musste die Routine einkehren. Hier stillen, da spielen und die Therapien für Maxi nicht durfte man auch nicht vergessen. Es war eine anstrengende Zeit, weil Maxi auch sehr viel Aufmerksamkeit brauchte und auch Tobi musste jede Stunde gestillt werden. Also musste man sehen, wie man alles miteinander kombinieren konnte. Ebenso haben wir uns eine Zeit eingeräumt, in der wir das Telefon und sogar die Türklingel abgestellt haben, um wenigstens einen gemeinsamen Mittagsschlaf halten zu können. An manchem Tag habe ich es nicht einmal geschafft, mich richtig anzuziehen. Das war mir aber auch so was von egal. Ich habe es einfach genossen, mal nicht perfekt zu angezogen zu sein. Ich war immerhin Mami. Darüber gefreut, dass ich stillen konnte, habe ich mich. Nur nach vier Monaten machte mir mein Körper einen Strich durch die Rechnung und die Milch blieb aus beziehungsweise wurde sie immer weniger. So musste ich Tobias mit der Flasche füttern und später habe ich ganz aufgehört zu stillen.
Es hat einfach nicht mehr gereicht. Die Hauptsachen war aber, dass Tobias überhaupt Muttermilch bekam. Ganz schnell hat sich der neue Alltag eingeschlichen und gut durchstrukturiert. Man bekam nun alles super hin.
Und doch ist noch so viel passiert. Die zweite Herzoperation von Maxi war am 4. August 2006. Dieses Mal war alles sehr schnell gegangen. Wir trafen leider auch auf den blöden Pfleger von damals. Nur durfte er diesmal nicht zu Maxi. Darauf habe ich bewusst geachtet.

Tobias verbrachte die Tage bei meiner Mutter. Sie hatte sich Urlaub genommen und hat ihn in der Zeit liebevoll betreut. Natürlich haben sie uns auch besucht. Schließlich brauchte Tobi mich genauso wie Maxi. Diese Zeit verging ziemlich schnell und Maxi war jetzt nicht mehr so empfindlich, was Viren und Erreger betraf. Sein Körper wurde größer und sein Immunsystem stabiler. Selbst die Operation verlief ausgesprochen gut und die Zeit danach verflog nur so. Nach zehn Tagen konnten wir wieder heim fahren. Alles war in Ordnung und die Narbe verheilte schnell. Natürlich war die alte Angst erneut zu spüren, es konnte immer etwas schief gehen. Wir waren einfach froh, wieder zu Hause zu sein. Wir lebten so normal wie es eben ging zusammen und genossen unser Familienleben.

***

Maxi machte viele Fortschritte. Nach einer überaus erfolgreichen Rehabilitation in Bad Oexen, wo er unter anderem Reittherapie, Ergotherapie, Krankengymnastik im Wasser hatte, waren die Tage nur so voll mit Terminen. Zum Glück durfte Tobias dieses Mal auch mit kommen. Wir hatten ein schönes Zimmer zu dritt und fühlten uns rundum wohl. Daniel besuchte uns fast jedes Wochenende und wenn er nicht da war, haben wir ihn unheimlich vermisst. Der Kuraufenthalt war auf vier Wochen festgelegt. Da vermisst man sich schon sehr. Auch andere Familienmitglieder haben uns besucht, worüber wir uns natürlich gefreut haben. Zu dieser Zeit ging es uns ganz gut und wir bekamen auch bald ein Therapierad für Maxi. So konnte er auch endlich Fahrradfahren lernen. Wir freuten uns schon mit großer Spannung darauf. Als es dann soweit war und Maxi sein Therapierad bekam, übte er fleißig damit. Nur das lenken musste er noch lernen. Wir wünschten uns ein eigenes kleines Haus für unsere Familie. Das ist aber nicht ganz einfach. Es gibt zwar Zuschüsse vom Staat, doch die Kassen zahlten nicht. Da wir kein Eigenkapital hatten, wurde das nichts ohne die Unterstützung vom Staat. Ich hatte damals an der Volkshochschule Reinbek eine Grundqualifikation für Tagesmütter gemacht. Ich wollte etwas Geld dazu verdienen, um für Maxis Delfintherapie sparen zu können. Unsere finanzielle Lage war leider so trist, dass wir nicht viel sparen konnten. Immer wenn wir etwas angespart hatten, mussten wir doch wieder etwas davon nehmen. Das Geld ging häufig für die Verpflegung von Maxi drauf. Es beinhaltete unter anderem Feuchttücher, Babykost aus dem Glas (Er konnte nichts anderes essen, wegen dem Würgereflex) und die Fahrten mit ihm zu den unterschiedlichsten Therapien. Natürlich wäre es schön gewesen, wenn wir jemanden gefunden hätten, der uns wegen dem geplanten Hauskauf geholfen hätte. Wir wollten aber gern in unserem gewohnten Landkreis bleiben und ein fertiges Haus kaufen. Da wir uns dem Stress eines Neubaus nicht auch noch aussetzen wollten. Außerdem wäre es für uns nervlich nicht möglich gewesen. Deshalb planten wir ein fertiges Haus zu kaufen und es musste auf keinen Fall neu sein. Es musste nur genug Platz für uns alle haben und eventuell Platz für meine Tageskinder, die ich betreuen würde, wenn ich meine Ausbildung abgeschlossen hatte.

***

Ich bin glücklich darüber, dass ich den Schritt getan und den Kurs gemacht habe. Nun konnte ich mit der Kindertagesbetreuung bei uns zu Hause beginnen. Und ich hoffte, dass auch alles nach meinen Vorstellungen verlief.

***„Das Schicksal ereilt uns oft auf den Wegen,
die man eingeschlagen hat,
um ihm zu entgehen.“***

Jean de La Fontaine

Zeit der Schicksalschläge

Am 14. September 2010 schrieb ich folgende Zeilen in den Blog:

Hallo ihr Lieben,

endlich finde ich etwas Ruhe und Zeit etwas neues zu schreiben. Es ist schon eine Weile her, dass ich hier geschrieben habe. Es ist auch viel passiert. Nun geht unser Sohn Tobias in die Schule. Die Einschulung war am 24.08.2010 und sie war echt toll. Tobias fühlt sich super in der Schule und es macht ihm Spaß. Das finde ich echt super!
Wir mussten leider auch vor ein paar Wochen einen schweren Schicksalsschlag verkraften. Mal wieder...
Am 16.05.2010 kam unser Elias im vierten Monat der Schwangerschaft tot zur Welt. Er hatte auch eine Chromosomenanomalie und wäre nicht lebensfähig gewesen. Ich habe schon viel mit einer Psychologin geredet. Die Gespräche haben mir sehr gut getan, denn ohne sie wäre ich, wie ich glaube, seelisch durchgedreht. Wie viele Schicksalsschläge kann ein Mensch vertragen...?
Ich keine mehr!
Ich kann auch nicht mehr.
Auch Tobias und Maxi haben sich auf das Baby riesig gefreut. Mein Mann hatte von Anfang an ein ungutes Gefühl. Aber als wir tatsächlich vom Humangenetiker erfahren haben, dass das Baby nicht lebensfähig ist, riss es uns den Boden unter den Füßen weg. Das schlimmste war, dass ich unser Baby normal zur Welt hätte bringen müssen. Es war sehr schwer für uns!
Man hatte mich gefragt, ob ich es sehen möchte. Aber das konnte ich nicht. Ich wollte es nicht sehen. Der Abschied wäre mir noch viel schwerer gefallen als ohnehin schon. Wir verabschiedeten uns von den Träumen an ein weiteres Baby und den Geschwistern des Ungeborenen, die sich ebenso auf die Geburt freuten, ging es genauso. Er wäre jetzt bald auf die Welt gekommen. Genauer gesagt, wäre es Ende Oktober soweit gewesen.
Wenn ich so daran denke, dann macht es mich sehr traurig.
Aber wir wünschen uns trotzdem noch ein Baby. Tobias wünscht sich eine Schwester und Maxi zeigt auch immer mal auf meinen Bauch. Er erinnert sich auch noch daran, dass ich mal einen dicken Bauch hatte. Ich sagte immer wieder zu ihm, dass da ein Baby drin ist. Das hat er sich gemerkt und Tobias bestätigte auch: Schade, dass das Baby krank war. Der Wunsch ist vorhanden, noch ein gesundes Kind zu bekommen.
Unser Baby ist vom Krankenhaus Bethesta auf dem Bergedorfer Friedhof begraben worden. Es wurde mit anderen Babys in einem kleinen weißen Sarg begraben.
Vorher wurde für uns, den betroffenen Eltern, aber auch für die Verwandten eine Trauerfeier abgehalten. Wir haben beim Grab die Namen unserer Kinder genannt. Es war sehr traurig zu sehen, wie viele einen ähnlichen Schicksalsschlag mit uns teilten. Wie viele Eltern so etwas doch durchmachen müssen.
Nun gehe ich regelmäßig auf den Friedhof und besuche unseren kleinen Elias und kann meiner Trauer dort freien Lauf lassen. Ich bringe auch

immer etwas mit, was ihm Freude bereitet hätte. Aber leider gibt es auch Menschen, die auf dem Friedhof nicht einmal Halt vor Kindergräbern machen. Denn es wurde unser Herzchen aus Ton geklaut. Als wir dies feststellten, war es wirklich schlimm für uns. Nicht nur das man ein Baby verloren hat, nein, da werden sogar die mitgebrachten Gegenstände von völlig fremden Leuten geklaut. Das ist purer Wahnsinn! Das geht mal gar nicht. Darüber war ich sehr traurig und entsetzt. Nun geht das Leben aber weiter und wir machen das Beste draus. Wir hoffen, dass wir bald ein gesundes Baby bekommen werden. Immerhin würde es uns sehr große Freude bereiten! Ich werde mich melden, wenn es darüber neues zu berichten gibt. Es tut definitiv gut, über so etwas zu schreiben. Man kann alles viel besser für sich verarbeiten. Deshalb habe ich diesen Blog eingerichtet.

***

Ein weiterer Schicksalschlag.

(Eintrag vom 08. Mai 2013)

In der Nacht vom 23.01.2013 auf den 24.02.2013 bin ich auf dem Weg ins Bad mitten in der Nacht zusammengebrochen. Die Tage zuvor hatte ich enorme Schmerzen im Magenbereich. Und als ich im Bad war, konnte ich erst mal überhaupt nicht aufstehen und lag circa eine halbe Stunde wie benommen am Boden.
Erinnern kann ich mich nur daran, dass mein Mann mich später entdeckt hatte und versuchte, mir zu helfen. Ich hab ihn gebeten, keinen Krankenwagen zu rufen. Warum, weiß ich heute nicht mehr.
Denn es war sehr, sehr knapp gewesen, wie wir dann von den Ärzten erfuhren.
Nach dem Zusammenbruch und der Erholung in dieser Nacht, ging ich wieder ins Bett. Ich hatte Schmerzmittel eingenommen, denn die Schmerzen waren zu heftig. Am nächsten Morgen, nachdem wir die Kinder versorgt hatten und sie in der Schule waren, brachte mich mein Mann ins Krankenhaus. Dort wurde ein Ultraschall gemacht, wobei sich dann herausstellte, dass ich einen Tumor in der Leber hatte,
der zu dieser Zeit elf Zentimeter groß war. Dieser Tumor hat sich gravierend in meinen Bauchbereich eingeblutet, so dass ich sofort notoperiert werden musste und zur Lebensrettung vier Blutkonserven bekam.
Hätte mich mein Mann einen halben Tag später ins Krankenhaus gebracht, hätte man nichts mehr für mich tun können, hatte man uns später mitgeteilt. Das war natürlich ein großer Schock. Nun lag ich zunächst eine Woche auf der Intensivstation des Krankenhaus Adolstift in Reinbek. Danach wurde ich aber ins Eppendorfer Krankenhaus verlegt. Weil dort mein Tumor entfernt werden sollte, welcher nun mittlerweile sechzehn Zentimeter groß war. In dieser Klinik waren die Ärzte Spezialisten was die menschliche Leber betraf. Nichts desto trotz hatten sie selbst großen Respekt vor dieser nicht ganz harmlosen Operation. Denn der Tumor lag immerhin sehr nah an der Hauptader der Leber. Zuerst wurde ich wieder

aufgepäppelt, damit ich für die nächste Operation fit war. Derweil kämpfte ich mit dem Gedanken: „Ich habe Krebs ..." Seelisch war ich sehr angespannt und habe unausweichlich an die Zukunft gedacht. Was wird aus meinen Kindern und meinem Mann, sollte die Operation schief gehen? Es hatte mich innerlich zerrissen. Am 04.02.2013 war dann der Tag gekommen. Die Operation fand statt. Mit großer Angst, die ich verspürte, wurde ich in den Op-Saal gebracht.
Ich war überaus froh, dass meine Kinder und mein Mann die Möglichkeit hatten mich jederzeit besuchen zu kommen. Sie gaben mir die Kraft, die ich brauchte.
Der Einschnitt verlief gut, wenn ich auch fünf Blutkonserven gebraucht habe. Die Leber ist nun mal das Organ, welches am meisten mit Blut versorgt werden muss. Nach der Operation waren die Schmerzen kaum zum Aushalten. Aber ich bekam wirkungsvolle Schmerzmittel. Manchmal haben diese aber auch nicht geholfen und oft kreisten die Gedanken erneut in meinem Kopf umher: „Werde ich lange leben?" Bei Krebs weiß man das immerhin nie.
Die Ärzte versicherten mir, dass der Tumor, so wie ich ihn hatte, in den seltensten Fällen wieder kommt. Nach dieser Nachricht war ich schon etwas beruhigter und trotzdem weil ich ziemlich pessimistisch veranlagt bin, was solche Angelegenheiten angeht, zweifelte ich. Denn kurz zuvor mussten wir meinen Schwiegervater verabschieden, der an Krebs gestorben ist. Da hieß es genauso, es würde alles wieder gut werden.
Nun habe ich Ende Mai meine erste Nachuntersuchung. Seit der Operation sind drei Monate vergangen. Da wird mir Blut abgenommen und geschaut, ob die Entzündungswerte normal sind. Das schlimmste Ergebnis wäre, dass man im Blut HIV Viren findet. Denn wenn man Blutkonserven bekommt, besteht immer das Risiko sich auf diese Art und Weise infiziert haben zu können. Es ist ein geringes Risiko aber es besteht. Je näher der Termin rückte, desto mehr Angst hatte ich.
Ich habe darum gebeten, dass man uns die Daumen drückt, damit alles gut wird. Und das dieser blöde Krebs nicht wieder kommt. Damit wir endlich unser gemeinsames Leben genießen könnten. Ohne Schicksalsschläge mehr, von denen wir wirklich genug hatten. Ich weiß gar nicht, ob ich überhaupt noch mehr verkraften könnte, mit meiner schon jetzt geschundenen Seele!

Stattdessen

Anstatt mit dir zu gehen,
werde ich mit dir kriechen.
Anstatt mit dir zu reden,
werde ich andere Wege finden,
um mit dir zu kommunizieren.
Anstatt mich darauf zu konzentrieren,
was du nicht kannst,
werde ich dich für das, was du kannst,
mit Liebe belohnen.
Anstatt dich zu isolieren,
werde ich Abenteuer für dich erschaffen.
Anstatt dich zu bemitleiden,
werde ich dich achten.

Huygen Hilling

Hier sind ein paar Tagebucheinträge aus dem Jahr 2008, welche unseren Alltag beschreiben, der nicht immer ganz unkompliziert verläuft.

27. August 2008

Nachdem Tobias und ich durch die Waschmaschine unserer Nachbarn bereits am sehr zeitigen Morgen geweckt wurden, machten wir uns für den Tag bereit. Wir schauten kurz zu Maximilian ins Zimmer, der noch tief und fest schlief, was für ihn untypisch war und nur selten vorkam. Dann tranken Tobias und ich unseren morgendlichen Kakao allein und nebenbei schmierte ich die Brote für Tobias. Wie wir auf die Uhr schauten, bemerkten wir, wie spät es schon wieder war. Wir sahen noch mal nach Maxi und eigentlich hätten wir schon aufbrechen müssen.
Es war 8:30 Uhr.
Wie gut, dass heute kein Waldtag stattfand. Ansonsten wäre es dafür nun zu spät gewesen. Was machen wir nun? War die Frage. Max schlief immer noch tief und fest und wollte nicht aufwachen. Das Pflegebett war hoch genug, so dass er nicht raus fallen konnte, sollte er aufwachen. So fuhr ich Tobias in den Kindergarten. Glücklicherweise war der gleich um die Ecke. Am Kindergarten angekommen, war ich immer noch in Gedanken und dachte mir: „Oh Gott, hoffentlich wacht Maxi nicht auf.“ Tobias war im Kindergarten gut aufgehoben. Dann schnell zurück nach Hause. Dort angekommen, sah ich ein weiteres Mal zu Maxi ins Zimmer und stellte fest, dass er immer noch schlief. Na gut, ich machte mir Frühstück und genoss die freie Zeit mal richtig. Das war sonst nahezu unmöglich.
9:10 Uhr ist Max dann Uhr aufgewacht. Ich habe ihn angezogen und ihm sein Milchfläschchen gegeben. Er war gut gelaunt.
Nachdem Max fertig war, fuhren wir zum Einkaufen und danach zum Spielplatz.
Um 12:30 Uhr kamen wir dann wieder nach Hause.
Ich fütterte ihn zum Mittag. Da er immer noch nicht kauen konnte, gab es für ihn Joghurt, den er sehr gern aß. Kurz vor vierzehn Uhr holten wir Tobias vom Kindergarten ab. Er wollte bei dem schönen Wetter draußen bleiben und spielen. Das konnte er mit seinen vier Jahren schon gut allein. Ganz anders als sein Bruder Max, der mit ins Haus musste, damit ihm nicht passierte.
Ich bereitete das Mittagessen zu. Ich kochte ausreichend genug, damit, wenn mein Mann von der Arbeit nach Hause kam, auch noch etwas essen konnte. Er freute sich schließlich auch über eine warme Mahlzeit am Tag. Max wollte natürlich auch nach draußen.
Doch das ging nicht. Er kann leider nicht alleine raus. Wenn, dann benötigt er eine Aufsicht.
Aber ich bin etwas früher fertig geworden und konnten gemeinsam nach draußen. Max wollte mit seinem behinderten gerechten Fahrrad fahren. Doch das bekam ich ohne Hilfe nicht aus dem Keller raus. Wir gingen dafür zum Spielplatz und dort wollte er sofort in den Wald

rennen oder um den Block, der nicht weit entfernt von uns stand. Fit genug war ich, um für den Rest des Tages auf Max aufzupassen. Der Papa kam an diesem Tag eine Stunde später, weil das Auto streikte. Na super, hoffentlich nichts schlimmes, dachte ich mir. Als Daniel dann Zuhause ankam, aßen wir gemeinsam zum Mittag. Wenn auch etwas verspätet, wegen dem kaputten Auto. Tobias und Maxi wollten danach wieder raus. Daniel holte Maxis Fahrrad aus dem Keller hoch und er fuhr ein paar Runden damit. Er freute sich und war sichtlich glücklich. Tobias war mit seinen Kumpels unterwegs. Max wollte um den Block fahren. Dann mal los. Aber plötzlich wollte er sogar noch weiter fahren. Nur wohin? Ich lief hinter ihm her. Oh, wir näherten uns dem Wald. Ich dachte bei mir, hoffentlich wird er nicht rein fahren. Und doch, Max fuhr direkt in den Wald hinein. Na gut, dann fuhren wir eben in den Wald. Schnell merkte er, dass es etwas anstrengender war, als auf dem Gehweg. Da mussten wir jetzt aber beide durch, Denn jetzt sind wir schon zu weit gelaufen um umzukehren. Immerhin waren wir aber auch schon fast am Ausgang des Waldes. Max weinte und ich war etwas außer Atem und verschwitzt. Ich zog meine Jacke aus, weil mir zu warm war. Wir sahen den Ausgang. Nur noch ein paar Meter dann waren wir am Spielplatz und hatten es nicht mehr weit bis nach Hause. Ich fühlte mich schlapp und was machte Max? Der wollte vom Fahrrad absteigen und mit dem Go Cart seines Bruders, was er gerade am Spielplatz entdeckt hatte, weiter fahren. Aus der erhofften kurzen Pause wurde nichts. Stattdessen musste ich nun hinter Maxi herrennen.
Eine Freundin von mir saß ebenfalls am Spielplatz und wollte sich mit mir unterhalten. Leider ging das aber momentan nicht, weil ich immer noch Maxi hinter rannte. Auch Tobias war wieder da, der bei den großen Jungs, die ein Baumhaus gebaut hatten, war. Er durfte dabei helfen.
Nun war es bereits fast 18 Uhr.
Max und ich machten uns auf den Weg nach Hause und klingelten bei Daniel.
Doch es machte keiner auf. Das Auto war auch nicht da.
„Papa ist bestimmt einkaufen", sagte ich. „Dann müssen wir das Fahrrad vorerst vorm Eingang stehen lassen, bis Papa zurück ist." Er brachte das Fahrrad dann wieder zurück in den Keller. Tobias durfte noch etwas draußen bei seinen Kumpels bleiben. In der Zwischenzeit kochte ich Grießbrei für uns. Dazu gab es Johannesbeersaft.
Ich fütterte Maxi und danach rief ich nach Tobias, dass er nach Hause kommen sollte. Es war schon spät geworden. Beide sollten sie an diesem Abend gebadet werden. Es kam so, dass natürlich keiner von beiden aus der Wanne raus wollte.
Na toll! Aber das nützte nichts und ich setzte mich auf den Klodeckel zum Ausruhen. Das war eine Wohltat!
Wir hörten wie Daniel vom Einkauf kam. Ich fragte ihn, ob er das Go Card und das Fahrrad von Maxi in den Keller bringen konnte. Er antwortete, dass er das schon gemacht hatte. Die Kinder wollten jetzt doch aus der Wanne. Dann trockneten sie sich ab und zogen sich ihre Pyjamas an. Den Grießbrei füllte ich in der Küche für Tobias und Maxi in zwei Schüsseln und übergoss ihn mit Johannesbeersaft.
Ihnen schmeckte es.
Sehr schön!
Nun war es für Tobias und Maxi Zeit ins Bett zu gehen. Vorher bekamen sie noch eine Gute-Nacht-Geschichte vorgelesen. Manchmal allerdings von einer

CD gesprochen. So wie an diesem Abend, weil ich zu erschöpft war. Ich wünschte den beiden eine „Gute Nacht“, zog mich um und ging auch ins Bett. Gegen 20 Uhr schlief ich ein.

28. August 2008

Um 5:00 Uhr wachte Maxi an diesem Morgen auf.
Tobias schlief bis 7:30 Uhr.
An diesem Tag sollte Katja vom FED (Familien entlastender Dienst) vorbeikommen, um mich etwas zu entlasten und Tobias war 8:30 Uhr im Kindergarten.
Gegen 10:00 Uhr kam Katja und ich fuhr mit einer Freundin nach Bergedorf, um für Maxi eine Schultüte und eine Sporthose zu kaufen.
Selbst zwei Sweatshirts sowie zwei Hosen habe ich für die beiden gefunden.
Wenn man mal die Gelegenheit dazu hat, sollte man sie auch nutzen.
Für diesen Einkauf nahmen wir uns bis 13:30 Uhr Zeit und gleich nach dem Einkaufstrip habe ich Tobias vom Kindergarten abgeholt.
Katja fuhr am Nachmittag nach Hause und anschließend haben wir auf Daniel gewartet, der um 15:00 Uhr nach Hause kam.
Wir fuhren sofort, wie geplant, zum Campingplatz. Dort wollten wir übernachten. Es war immerhin schön sonnig und mit dem Wetter hatten wir auch Glück. Wir ließen den Tag gemütlich ausklingen.

29. August 2008

Meine Tante und mein Onkel hatten sich angekündigt. Das wird auch wieder etwas entlastend für uns, da sie mit den Kindern sicherlich spielen und toben werden.
Maxi ist natürlich wie gewöhnlich um kurz nach fünf am Morgen wach geworden. Doch vorher kam er noch kurz zum Kuscheln zu uns ins Bett. Wir konnten also noch etwas liegen bleiben. Aber um 6:00 Uhr kam er in Bewegung und war nicht mehr zu bremsen. Es blieb uns also nichts anderes übrig als aufzustehen, Kaffee zu kochen, Maxi seine Milch zu geben und im Wohnzimmer den Frühstückstisch zu decken.
Um meiner Schwiegermutter eine Freude zu machen, haben wir nach dem Frühstück Unkraut gezupft. Maxi hat zwischendurch seine Spielsachen über den Zaun geworfen, was er öfters macht und dabei sind auch schon so manche Sachen zu Bruch gegangen. Manche sind gar nicht mehr auffindbar. Oft zerren schon solche Sachen an den Nerven. Dann wird immer wieder bewusst, dass sein vierjähriger Bruder Tobias auf dem Gelände mit dem Kettcar rumfährt, ohne das man sich viele Gedanken um ihn machen muss. Aber Maximilian darf man nicht aus den Augen lassen. Stattdessen muss man immer ein Auge auf ihn haben, damit er keinen Unsinn anstellt. Obwohl er schon sechs Jahre alt ist. Der Tobias weiß auch, wenn er zu weit weg fährt, dass er dann die nächste Zeit nicht mehr fahren darf. Und weil er diese Selbständigkeit und Freiheit liebt und braucht, hört er natürlich auch auf uns. Und dem Max sagt man eintausend mal etwas und er hat es innerhalb ein paar Minuten wieder vergessen. Das ist ein trauriges Beispiel aber die pure Realität.
Manchmal stelle ich mir dann vor, wie es wohl wäre, wenn er normal wäre.

Dann könnten sie beide auf dem Gelände herum fahren und wir könnten in Ruhe etwas arbeiten, um den Campingplatz zu verschönern. Aber das wird für immer eine Illusion bleiben. Maximilian braucht Aufmerksamkeit. Tobias hat ein paar liebe Freunde gefunden, mit denen er gern spielt und sich somit auch austauschen kann. Eben wie zu Hause. Nachdem ich so beim Unkraut zupfen in Gedanken war, kamen auch schon meine Tante und mein Onkel. Kurz darauf wollte Max zum See. Er liebt das Wasser und auch das Schwimmen. Also zogen sich meine Tante und ich um und gingen mit den Jungs zum Schwimmen. Max war sehr glücklich darüber. Es ist schön zu sehen, dass ihm das Schwimmen so viel Freude bereitet. Da sehen wir es immer wieder gern, dass es eine sehr gute Entscheidung war, vor drei Jahren den Campingplatz zu kaufen. Am Nachmittag haben wir etwas im Wohnwagen aufgeräumt und ich fuhr Tobias um 15:00 Uhr zum Geburtstag, wo er bei seiner Kindergarten Freundin eingeladen war. Für die etwas über zwei Stunden wollte ich nicht wieder von Wentorf nach Ortkaatensee fahren. Das hätte sich nicht gelohnt. Also lud ich mich bei meiner Freund ein, deren Kind auch zu diesem Geburtstag eingeladen war. Die Kinder hatten wir abgegeben und schon sind wir wieder nach Bergedorf gefahren.
Wieder war es etwas entlastend für Mich. Denn in der letzten Zeit war ich etwas angeschlagen, weil Maxi doch sehr anstrengend sein konnte.
Die Zeit raste nur so davon, wir mussten unsere Kinder schon wieder abholen. Ich habe meine Freundin mit ihrem Kind zu Hause abgesetzt und bin mit Tobias zurück zum Camp. Dort angekommen, wollten wir mit meiner Tante und meinem Onkel grillen. Es war schon 18:30 Uhr als wir ankamen.
Eigentlich schon zu spät für die Kinder. Aber es war Wochenende.
Nach dem Essen räumten wir noch auf. Maxi wurde von meiner Tante gefüttert und anschließend zogen wir ihn für die Nacht um. Tobias konnte das schon sehr lange allein. Da ist er auch ganz stolz drauf. Die Kinder waren im Bett und meine Tante hatte sich noch etwas dazugelegt, damit sie besser einschliefen. Wir saßen noch etwas draußen und Tante und Onkel entschieden, über Nacht bleiben zu wollen.
Wir freuten uns auf den nächsten Tag, denn meine Mutter kam mit meinem Stiefvater sowie meiner Stiefschwester und ihrem Mann vorbei. Sie war zu diesem Zeitpunkt schwanger und ich freute mich im Dezember Tante zu werden. Meine Schwägerin hat bereits einen Sohn, welcher Paul Fiete heißt und unheimlich knuffig ist. Wir lieben ihn über alles!
Das tolle ist, Tobias möchte ihn immer liebkosen und das finde ich echt eine nette Art von meinem Tobias. Er hat nämlich eine ausgeprägte soziale Ader. Paulchen, sein Cousin, findet Tobias aber genauso super.

30. August 2008

An diesem Morgen konnten wir ausschlafen. Da meine Tante sehr früh aufstanden war und Maxi ebenso gegen 5:30 Uhr aufgewacht ist. Sie hat ihn ins Vorzelt mitgenommen und ihm seine Milch gegeben. Danach hat sie sich mit ihm beschäftigt. Mein Onkel ist auch irgendwann aufgewacht und ist mit raus zu meiner Tante und Maximilian. Das habe ich nur im Halbschlaf mitbekommen. Tobias und wir haben bis um 9:00 Uhr geschlafen. Es war echt schön, denn Ausschlafen kannten wir schon gar nicht mehr.
Maximilian schläft zwar besser und wacht nicht mehr so oft in der Nacht auf

seit dem er die Matratze „Schlummerstern“ von „Thomas-Hilfen“ hat, aber es kommt noch vor. Das er um 5:00 Uhr morgens aufwacht. Das ist seit seiner Geburt so. Das haben sie im Krankenhaus so eingeführt.
Sie haben ihn geweckt, damit er die Sondennahrung (abgepumpte Muttermilch) zu sich nehmen konnte und so ist es bis heute geblieben. Bis auf manche Ausnahmen, die sehr selten sind. Dann haben wir draußen in der freien Natur gemütlich gefrühstückt. Mussten aber immer mal wieder aufstehen, weil Maxi wohl meinte uns auf Trab halten zu müssen, in dem er wie immer Sachen um sich schmiss und auch mal wieder über den Zaun warf. Tobias hat an dem Morgen nicht viel gefrühstückt. Aber da haben wir uns keine Sorgen gemacht. Immerhin hat er das häufiger mal. Dann kam auch schon der Rest der Familie und spielte Fußball. Nur ich nicht, denn ich war erneut mit Unkraut beseitigen beschäftigt. Es hatte sich viel angesammelt und der Vorbesitzer des Platzes hatte es nie für nötig gehalten irgendetwas zu machen. Jetzt gehörte der Platz meiner Schwiegermutter. Irgendwann habe ich wirklich von Unkraut zupfen geträumt. Soviel war das. Zwischendurch waren wir auch mal schwimmen, weil es Maxi immer ins Wasser zieht. Immer wenn er schwimmen will, holt er seine Schwimmflügel und schon weiß man, dass er ins Wasser will.
Dann gibt der Dickkopf aber auch nicht auf.
Um 16:00 Uhr warfen wir den Grill an. Tobias fing tatsächlich an zu schwächeln.
Wir dachten uns, der wird wohl müde sein. Maxi bekam wie immer seinen Brei und dann fingen wir an zu essen. Tobias mochte aber irgendwie gar nichts essen.
Also haben wir uns gedacht, dass er wohl beim Camping Nachbarn gegenüber, wo
er sehr gern ist und hilft, zuviel Süßigkeiten gegessen hatte. Aber er hatte nur zwei Kekse gegessen. Das ist nicht viel. Aber er wollte einfach nichts essen und auch nichts trinken. Obwohl er gern und viel trinkt. Nachdem wir mit dem Essen fertig waren, haben meine Mutter und meine Tante abgewaschen und Daniel und mein Onkel haben weiter auf dem Camp von Schwiegermutter an einer Lampe gebastelt. Bald haben sich unsere Gäste verabschiedet und wir waren wieder zu viert.
Tobias kränkelte immer mehr. Er bekam Fieber. Wir packten unsere Sachen zusammen und fuhren nach Hause. Gegen 19:00 Uhr kamen wir Zuhause an.
Wir haben Maxis Bett fertig gemacht und Tobias ist im Auto eingeschlafen. Der schlief angezogen im Bett weiter. Etwas später ist er glühend heiß aufgewacht und bekam daraufhin von uns Fiebersaft, der seine Temperatur herunterfahren sollte. Wir holten ihn lieber zu uns ins Bett. Denn es war zu riskant, ihn in seinem Bett schlafen zu lassen. Daniel musste am nächsten Tag wieder zur Arbeit. Es wurde keine gemütliche Nacht für uns.
Denn zu dritt in einem Bett, welches Einmetervierzig breit ist, ist nicht allzu gemütlich. Aber letztendlich ging es doch bis zum nächsten Morgen.

31. August 2008

Tobias wurde krank. Er hatte Fieber. Es war 8:00 Uhr und Maxi war wieder einmal um 5:00 Uhr wach. Der Tag war ziemlich ruhig. Tobias hatte irgendwann ein Nickerchen auf dem Sofa gemacht und Maxi und ich haben im Kinderzimmer gespielt. Danach habe ich Mittagessen gemacht, damit Daniel nach der Arbeit etwas warmes zu Essen hatte. Tobias hatte nichts gegessen. Ihm ging es nach dem Mittagsschlaf immer noch nicht besser. Er hatte sogar Kopfschmerzen und wollte auch nicht nach draußen. Es hatte ohnehin ständig geregnet. Maxi musste ebenfalls zu Hause spielen, obwohl er gern draußen gespielt hätte. Am Abend das gleiche Ritual. Die Kinder ins Bett bringen, vorlesen und das Licht ausmachen.
An diesem Abend war ich sehr müde und bin auch schnell geschlafen.

1. September 2008

Wir blieben heute mit Tobias zu Hause. Es ging ihm aber schon besser. Zumindest hatte er kein Fieber mehr. Maxi war mal wieder damit beschäftigt, seine Spielsachen umher zu werfen.
Aber sonst war es ein ruhiger Tag.

2. September 2008

Eigentlich sollte Tobias wieder in den Kindergarten, aber er wollte nicht und hat immer noch nicht richtig gegessen. Aber er ist wieder körperlich fit und wir konnten mal etwas raus an die frische Luft gehen. Wir waren schön im Casinopark spazieren und dann waren wir auf dem Spielplatz. Es war ein schöner Tag.

3. September 2008

Heute war Maxi erst um 6:00 Uhr aufgewacht und trat auch gleich gegen das Bettgestell. Na toll! Das war ein richtig lautes Krachen. Tobias hätte sicher gern noch eine Stunde länger geschlafen. Doch das war ihm vergönnt gewesen. Dann haben wir gemütlich gefrühstückt. Tobias hat auch anderthalb Brötchen gegessen.
Das ist schon mal besser als die Tage zuvor. Zu dieser Zeit trank er gern Milch statt Kakao zum Frühstück. Maxi hat gegen 11:00 Uhr seinen Brei gegessen, den ich ihm zubereitet hatte. Danach haben wir uns fertig gemacht und sind los, um zu schauen, was das Konto von Maxi und mir macht. Es sah sehr knapp aus. Später sind wir zu der Arbeit von Daniel. Das hat sich Tobias gewünscht. Er besucht seinen Papa gern auf der Arbeit. Kurz vor der Mittagspause kamen wir an und haben uns den richtigen Tag dafür ausgesucht. Die Firmenchefin hatte Geburtstag und gab einen aus. Sie hat mich sogar gefragt, ob ich mitessen möchte. Da habe ich natürlich gern zugesagt. Tobias hat sich auch gefreut, weil es Hot Dogs gab. Er verdrückte einen und Maxi lutschte an seiner Wurst mit Ketchup. Er leckte so lange, bis sie auseinander fiel. Er wollte sie danach nicht mehr. Wir saßen noch etwas gemütlich beisammen und tauschten uns mit den anderen Mitarbeitern aus.

Um 14:00 Uhr sind wir wieder los. Kaum zu Hause angekommen, klingelte es an der Tür. Ein Freund von Tobias fragte, ob er mit raus spielen kommt. Tobias ist sofort verschwunden und nach draußen zum Fußball. Maxi hat noch sein Mittagsgläschen bekommen und dann sind wir spazieren gegangen. Um 15 Uhr kam Daniel. Er kochte sich einen Kaffee aber Maximilian und ich blieben noch draußen. Die Mutter von dem Jungen, mit dem Tobias spielte kam hinzu. Sie hat mich nach einiger Zeit angesprochen und sagte einen Satz, bei dem ich lange gebraucht habe, um ihn zu verdauen. Die fragte mich wirklich:
„Maxi ist doch gar nicht so behindert, er kann doch laufen."
Oh man! War ich erst mal sprachlos über diese Aussage. Ja klar kann Maxi laufen. Aber er kann sich nicht orientieren, nicht sprechen, nicht selbstständig essen und hat einen Herzfehler. Zudem ist er auf dem Entwicklungsstand zurückgeblieben. Er ist als Frühchen in der dreiunddreißigsten Schwangerschaftswoche geboren. Aber sonst mag es gehen, dachte ich mir. Ich habe ihr das so gesagt. Auch, dass sie ihren sechsjährigen Sohn mit Max vergleichen soll und ihn mal für eine Woche nehmen soll. Damit sie den Unterschied merkt. Da war sie plötzlich still. Sie hat ihn mit einem Nachbarsjungen verglichen, der ein extrem Frühgeborenes war. Der lernt mit seinen vier Jahren das Laufen mit Gehhilfen. Maxi hat auch erst mit fast vier Jahren richtig laufen gelernt. Aber das hat sie wohl vergessen. Obwohl sie uns seit mindestens drei Jahren kennt. Aber er kann sprechen, er ist auf seinem Entwicklungsstand, er kann selbstständig essen und er kommt nicht auf eine Behindertenschule.
Sondern "nur" auf eine Sehbehindertenschule. Er könnte sogar in eine Förder- oder Gesamtschule gehen. Max wird das niemals können. Er wird sein Leben lang eine Betreuung brauchen. Der Nachbarsjunge könnte, wie ich denke, sogar in einer Wohngruppe leben. Selbst das ginge bei Maxi nicht. Man sollte eh nichts auf dummes Gerede geben, wenn man keine Ahnung hat, wie es ist mit einem behinderten Kind zu leben. Ich hatte sie echt anders eingeschätzt, nun war ich enttäuscht. Sie ist irgendwann mit ihrem Sohn gegangen. Ihr Sohn musste wohl zum Sport. Das kann ich auch nicht einfach machen. Wir müssen extra Vereine suchen, die sich mit Maxis Behinderung auseinandersetzen und extra dafür ausgebildet sind. Da haben wir nicht die freie Auswahl. Ich war ich enttäuscht. Gegen 16:15 Uhr sind wir nach Hause gegangen, weil Maxi zur Krankengymnastik musste und Tobias war dann mit seinem Papa zum Angeln gefahren. Um 18:00 Uhr waren wir wieder da. Die zwei Jungs waren vom Angeln noch nicht wieder zurück. Daher habe ich Maxi seinen Brei gegeben und prompt klingelte es an der Tür. Eine Überraschung, die Mama von dem Nachbarsjungen, die auch eine Freundin ist, stand vor der Tür. Sie drückte mir einen Umschlag in die Hand und sagte dabei, dass das Geld Nachbarinnen, Freundinnen und natürlich auch sie gesammelt hätten und es für Maxis Einschulung am nächsten Tag sei. Davon war ich sehr berührt. Man dachte an Maxis ganz spezielle Einschulung. Wenigstens haben zwei von meinen Freunden daran gedacht. Ich fand das toll! Anschließend kochte ich die Kartoffelsuppe, die ich am nächsten Tag für die ganze Familie fertig haben wollte. Denn wenn wir morgen beisammen sitzen würden und Maxis Einschulung feiern, sollte auch etwas Feines auf dem Tisch stehen.

Lernprogramm

Wir lernen voneinander
und miteinander.
Wir lernen
einander vertrauen,
miteinander umzugehen
und aufeinander einzugehen.
Wir lernen
den Austausch
von Gedanken, Gefühlen
und Zärtlichkeiten.
Wir lernen
uns kennen,
auswendig und inwendig.
Wir lernen
uns lieben.

Ernst Ferstl

Maximilians Einschulung

Am 4. September 2008 fand Maximilians Einschulung statt. Es war ein sehr aufregender Tag. Ich war selbst sehr nervös und aufgeregt.
Daniel hat sich für diesen besonderen Tag frei genommen und konnte so mit dabei sein. Gegen 9:15 Uhr kamen unsere Familienmitglieder und wir fuhren zur Schule, wo die Einschuldung stattfand. An der Schule angekommen, wurden wir sehr herzlich empfangen. Ein Schullied wurde gesungen und Maxis Name kam darin vor. Sie haben ihn gewusst. Unglaublich! Ich fing natürlich an, wie ein Schlosshund zu weinen. Ich dachte, ich kann es aufhalten, jedoch kam das einfach über mich. Dann wurden wir in die Turnhalle geführt, wo wir Platz nahmen.
Die Schulleitung hat uns pünktlich begrüßt und lobte uns, die Eltern, dass wir seit Jahren die ersten waren, die es pünktlich geschafft haben da zu sein.
Die Einschulungsfeier begann mit einer Vorführung der Zwei- und Drittklässler.
Es waren Kinder in Zauberer-, Löwen- und Tänzerkostümen dabei und alle wurden mit einbezogen. Es war richtig schön, wie die Kinder mitgemacht haben. Egal welche Behinderung sie hatten. Danach wurden die Erstklässler nach vorne gebeten. Jeder einzelne wurde dabei aufgerufen. Daniel musste mit nach vorne, weil Maxi sonst rumgelaufen wäre und nicht ruhig sitzen geblieben wäre. Doch da musste er heute durch. Als es hieß: „Das sind unsere Erstklässler", haben wir alle geschmunzelt. Daniel, der mit vorne saß, natürlich auch. Anschließend wurden die Kinder von den Klassenlehrerinnen in die Klasse geführt und wir sind in den Speisesaal gebeten worden, weil es dort Kaffee und Kekse gab. Später, nach dem einen oder anderen Kaffeeplausch, durften wir das Klassenzimmer besichtigen. Es war wunderbar eingerichtet und genau richtig für Maxi. Es gab dort einen zweiten Raum, in dem eine kleine Küchenzeile vorhanden war, zwei Computer, unzählige Bücher und noch mehr Spielzeug. Maxis Einzelbetreuung war gestern auch schon da. Sie hat sich sofort super um ihn gekümmert. Dabei hatten wir ein gutes Gefühl. Nach dem ganzen Spektakel sind wir wieder in den Speiseraum zurück und haben mit der Lehrerin gesprochen und ihr noch ein paar Tipps im Umgang mit Maxi verraten. Aber auch noch mal darauf hingewiesen, dass er nicht kauen kann und sein Spezialessen benötigt. Wir haben uns dann gegen 13 Uhr verabschiedet und sind zurück nach Hause gefahren. Dort haben wir die Kartoffelsuppe gegessen, die ich gestern noch vorbereitet hatte und haben noch einen Kaffee getrunken. Wir haben ein paar Kaffeejunkies in der Familie. Dazu gehöre auch ich. Wir saßen schön gemütlich zusammen und sprachen viel über die neue Schule und über die gesammelten Eindrücke. Der Tag verging sehr schnell. Nachdem alle weg waren, bekam ich Kopfschmerzen, so dass ich eine Kopfschmerztablette brauchte. Daniel war mit Tobias draußen spielen gegangen und Maxi und ich blieben Zuhause. Er war ganz schön geschafft. Um 19:00 Uhr war dann auch schon wieder Schlafenszeit für die beiden Jungen. immerhin mussten wir nun früh aufstehen, um Maxi pünktlich um 7:30 Uhr zum Bus zu bringen.
Ein Fahrzeug der Johanniter holte ihn ab und brachte ihn gegen 14:00 Uhr wieder zurück nach Hause. Ich bin früh ins Bett, aber konnte einfach nicht einschlafen.

Unsere Schulzeit frohe Stunden
waren wie ein Augenblick.
Oh, wie schnell sind sie verschwunden
und sie kehren nie zurück.

Unbekannt
(Aus einem Poesiealbum)

Maximilians erster Schultag

Dann war es soweit. Am 5. September 2008 war der Tag an dem Maximilian das erste Mal in die Schule ging. Ich bin an diesem Morgen sehr früh aufgestanden, denn ich habe vor Aufregung schlecht schlafen können.
Ich habe den Inhalt des Schulranzens noch mal geprüft und das Essen eingepackt. Anschließend weckte ich Maxi, der um 6:45 Uhr noch schlief. Er musste raus, denn der Schulbus würde ihn um 7:30 Uhr abholen. Ich zog ihn an und Tobias ist dann auch aufgestanden.
Maxi trank seine Milch und Tobias zog seine Alltagskleidung an. Er wollte unbedingt mitkommen, um Maxi zum Bus bringen. Gegen 7:20 Uhr sind wir losgelaufen.
Der Bus kam pünktlich und der Fahrer war sehr nett. Die Begleitung ebenso. Das hat mich beruhigt. Maxi wusste nicht, was mit ihm geschah.
Er schaute verdutzt drein und stieg in den Bus.
Er musste schließlich, das wusste er.
Sie fuhren los. Tobias und ich haben Maxi zum Abschied gewunken und schon war er nicht mehr zu sehen. Tobias fing an zu weinen. Ich wollte es mir verkneifen aber da Tobias anfing, musste ich auch weinen. Wir konnten uns nur schwer beruhigen. Man steckt sich halt gegenseitig an. Zuhause haben wir unsere Tränen abgewischt und Kakao getrunken. Wir konnten beide nichts essen. Es sollte nun alles anders sein. Um 8:00 Uhr fuhren wir zum Kindergarten. Dort habe ich mich mit meiner Freundin getroffen, denn ich brauchte Ablenkung. 13:20 Uhr habe ich Tobias vom Kindergarten abgeholt und später standen wir an der Bushaltestelle, um Maxi zu empfangen. Er kam gegen 14.10 Uhr an. Dabei sah er verwundert aus. Na ja, er kann sich halt nicht äußern, um uns manches erklären zu können. Man sah ihm aber an, dass er nicht genau wusste, was alles geschehen war und musste den Tag erst mal in Gedanken verarbeiten.
Um 14:30 Uhr kam dann unsere Katja vom FED und hat sich mit Maxi beschäftigt.
Ich konnte ein paar Sachen einpacken, denn wir wollten das gute Wetter nutzen und zum Campingplatz fahren. Später kam noch meine Freundin und hat Maxi zum Schulanfang ein richtig süßes Puppenhäuschen geschenkt. Das war unheimlich lieb von ihr, dass sie an Maxis Schulanfang gedacht hatte. Das war nicht selbstverständlich. Bei gesunden Kindern mag es anders sein. Um 17:30 Uhr fuhren wir dann gemeinsam zum Camp.

6. September 2008

Es war ein schöner Tag auf dem Campingplatz. Die freie Natur lud zum Entspannen ein. Maxis und Tobias Oma kam auch vorbei. Sie hatte den Campingplatz in Ordnung gebracht. Und am Abend, nachdem ich Tobias erneut von einer Feier abgeholt habe, aßen wir zusammen und genossen den Abend. Tobias hat dann bei seiner Oma übernachtet.

7. September 2008

Nachdem Maxi schon um 6:00 Uhr wach war, haben wir ihn mit zu uns ins Bett geholt und noch etwas mit ihm gekuschelt. Anschließend haben wir das Frühstück vorbereitet. Seine Oma und Tobias haben Brötchen geholt. Wir haben schön gemütlich gefrühstückt und die andere Oma kam dann auch mit Opa gegen 11:00 Uhr. Wir haben zusammen gesessen. Denn sie hatten einen richtig leckeren Kuchen
dabei, den wir mit Genuss gegessen haben. Es war ein schönes Wetter, aber leider konnten wir nicht mehr schwimmen gehen, denn dafür war es dann doch zu kalt geworden. Da musste auch Maxi darauf verzichten. Auch wenn er gern baden wollte. Am Abend ist dann noch die Schwiegermutter mit Maxi und Tobias spazieren gegangen, nachdem die andere Oma mit Opa schon nach Hause waren. Daniel und ich packten die ersten Sachen in den Koffer, um gegen 18:30 Uhr nach Hause zu fahren.
Dort angekommen, durften die Kinder noch in der Wanne planschen.
Danach haben wir Abendbrot gegessen.
An diesem Abend sind sie sehr schnell eingeschlafen.

Sorgen sind die Tür, durch welche die Hoffnung eintritt.

Alexander Saheb

Maximilians zweiter Schultag und die Sorge um ihn.

Am 8. September 2008 habe ich Maximilians Schultasche erneut gepackt. Ich habe ihm Wechselwäsche und Essen in der Tasche verstaut. Er war schon wach als ich ins Zimmer kam, daher brauchte ich ihn nicht mehr wecken. Er putzte sich die Zähne und zog sich an. Danach trank er noch ein Glas Milch. Tobias war zwischenzeitlich ebenfalls aufgewacht und wollte natürlich wieder mit zum Bus. Darum hat er sich auch gleich angezogen, damit wir Maxi pünktlich gegen 7:20 Uhr zum Bus bringen konnten. Wieder kam er pünktlich, wie vereinbart und wieder haben Tobias und ich geweint. Es fällt schon irgendwie schwer, wenn man sein Kind in fremde Arme geben muss. Dann kam ein Anruf von meinem Bruder, dass er an diesem Tag frei hätte und vorbei kommen wollte. Ich habe ihn dann vom vereinbarten Treffpunkt abgeholt und wir sind gemeinsam zu meiner Freundin.
Den Vormittag haben wir bei ihr verbracht.
Um 13:30 Uhr sind wir wieder aufgebrochen, um Tobias abzuholen. Zu Hause angekommen, haben wir uns gleich vorne an der Straße platziert um Maxi vom Bus abzuholen. Sie kommen immer so zwischen 14:00 Uhr und 14:10 Uhr. Aber um 14:20 Uhr war der Bus immer noch nicht da. Ich begann mir Sorgen zu machen. Um 14:30 Uhr immer noch kein Schulbus zu sehen. Ich machte mir immer mehr Sorgen. Um 14:40 Uhr kam er zwar endlich, bog aber eine Einfahrt zu früh ab. Er wendete und fuhr davon. Ich dachte nur: „Hilfe, ich will mein Kind endlich wieder in die Arme schließen." Ich bin ein Stück entgegengelaufen, weil ich den Bus am Anfang der Straße stehen sehen habe und winkte dem Fahrer signalisierend zu. Der Busfahrer sah mich, es waren aber ganz andere, die meinen Sohn nach Hause brachten.
Man hätte wenigstens mal anrufen können, wenn es später werden würde. Ich machte mir immerhin Sorgen. Dann stieg Maxi aus dem Bus aus und ich dachte, ich sehe nicht richtig. Er hatte eine heftige Schramme an seinem Hals. Langsam wurde ich ärgerlich. Erst kommt Maxi am ersten Schultag mit einer Schramme am Ellenbogen nach Hause und jetzt war er am zweiten Tag wieder verletzt, nur eben am Hals. Die Frage kam in mir auf, wo seine Einzelbetreuung war, als das passiert ist.
In solchen Momenten merkt man, dass Maxi sehr leicht unterschätzt wird oder aber das Aufpassen auf Maxi zu auf die leichte Schulter genommen wird.
So etwas sollte nicht passieren. Im Mitteilungsheft stand später, dass es Maxi nicht möglich war, sich mit einem anderen Jungen an der Rutsche zu einigen. Ich hielt das für einen schlechten Scherz. Maxi kann sich nicht einigen, weil er gar nicht weiß, wie das geht. Deshalb muss doch die Einzelbetreuung darauf achten und ihm in solchen Situationen helfen. Ich hoffte, dass sich das die nächsten Tage noch richtig einstellte und Maxi doch noch richtig betreut würde. Sie müssten ihn dann irgendwann richtig einschätzen können. Ansonsten war der restliche Tag sehr stressig für mich. Um 16:30 Uhr habe ich meinen Bruder nach Hause gefahren und Tobias begleitete uns. Maxi war von der Schule zu erschöpft und blieb Zuhause.

Auf der Fahrt ist Tobias im Auto eingeschlafen und wachte erst auf, als mein Bruder nicht mehr im Auto saß. Die erste Frage war, wo Onkel Gregor war. Ich beantworte ihm die Frage liebevoll mütterlich. Dann sind wir zu Karstadt gefahren, weil es auf dem Weg lag. Tobias war erneut zu einem Geburtstag eingeladen und wir wollten seinem Freund eine Geburtstagskiste schenken.
Wir haben ihm ein Geschenk ausgesucht und sind wieder nach Hause gefahren. Es war auch schon 18:30 Uhr als wir zurückkamen. Kaum Zuhause angekommen, musste ich auch wieder los, denn eine Bekannte hat ihr Baby bekommen und ich wollte sie mit einer anderen Freundin besuchen. Wir fuhren also zum Krankenhaus. Das Baby war echt süß anzusehen. Ich machte mit dem Handy ein paar Fotos und irgendwann fuhren wir wieder zurück. Als ich zur Tür hereinkam, warteten schon alle gespannt, was ich zu erzählen hatte. Die Fotos waren super geworden und Tobias hat sich sehr gefreut, dass er die Fotos gesehen hat. Das ist der Bruder von deinem Freund habe ich zu ihm gesagt.
Dann hatte mein Mann die Kinder fürs Bett fertig gemacht und sie gingen brav schlafen. Sie sind beide ziemlich schnell eingeschlafen. Vor allem aber Tobias, der im Auto eingeschlafen war. Ich bin noch rüber zu meiner Freundin, um den Abend gemütlich ausklingen zu lassen und weil sie in wenigen Tagen in den Urlaub fliegen würde.
Wir wollten nach längerer Zeit mal wieder über Gott und die Welt quatschen.

24. September 2008

Ich hatte die letzten Tage allerhand zu tun gehabt. Maxi fühlt sich in der Schule wohl und ich denke, es geht ihm dort, trotz vorheriger Zweifel, gut. Er lernt auch fleißig. Natürlich so wie es ihm möglich ist. Es wird jeden Tag ins Infoheftchen geschrieben, wie er sich macht. Gestern kam es zu einem Gespräch mit der AWO in Geesthacht. Es ging um die Betreuung von Maxi. Die FSJ –lerin, die bis jetzt auf Maxi aufpasste, war gleich die ersten Woche krank und Maxi kam jeden zweiten Tag mit Schürfwunden nach Hause, weil die Betreuung nicht gewährleistet wurde, was Max aber dringend brauchte!
Nun haben wir gestern versucht der AWO klar zu machen, wie wichtig eine professionelle Betreuung für ihn ist. Eigentlich geht es bei Maxi gar nicht anders.
Es war eine Angestellte vom Kindergarten, eine Lehrerin, die FSJ-lerin, eine Vertreterin der AWO und meine Person anwesend.
Unsere Katja vom FED hat während des Gesprächs auf Maxi aufgepasst und sich mit ihm im Flur beschäftigt. „Es war eine schwere Geburt“, wie man so schön sagt.
Erst nach einer Stunde wurde das Gespräch als beendet erklärt.
Anschließend hieß es, auf das Ergebnis zu warten.
Aber wir haben gehofft, dass es klappt.
Dann war gestern auch noch Elternabend in der Schule. Ich wurde zur zweiten Elternsprecherin gewählt. Nun bin ich im Kindergarten die erste und in der Schule die zweite Elternsprecherin. Ich hoffe, dass es nicht zu viel wird.
Schauen wir mal.
Im Kindergarten ist es nicht viel, um das ich mich kümmern muss.
Dafür aber in der Schule von Maximilian. Es war ein anstrengender Tag, schauen wir mal was der nächste bringt.

1. Oktober 2008

Der Tag fing wie immer gegen 6:30 Uhr an. Ich zog mich an, machte mich fertig und weckte Maxi auf, der dann auch gleich aus dem Bett gekrochen

kam. Dann zog ich ihn an. Tobias schlief noch. Maxi trank seine Milch und anschließend mussten wir auch schon los. Der Bus kommt ja um 7:30 Uhr. Maxi wollte im Schlafanzug in die Schule gehen, denn er ist gleich nachdem er aufgestanden war, zur Tür und griff zu seiner Schultasche. Ich musste unwillkürlich darüber schmunzeln. Als wir schließlich auf den Bus warteten, hat Maxi immer wieder in die Richtung gezeigt, aus welcher der Bus kam. Er kann es nicht erwarten, bis er vorfährt.
Wenn er angefahren kommt, dann freut er sich riesig. Das Busfahren macht ihm Spaß. Momentan möchte er in der Schule nicht zu Mittag essen, aber er ist auch etwas erkältet. Ich bin mir sicher, das wird wieder. Dann sind Tobias und ich zu Fuß zum Kindergarten gelaufen. Tobias wollte gern zu Fuß gehen. Er schlief natürlich noch, als ich zu ihm ins Zimmer kam, nachdem ich Maxi am Bus verabschiedet hatte. Ich weckte ihn liebevoll. Als ich später vom Kindergarten nach Hause lief, habe ich eine Bekannte getroffen und habe mich spontan entschieden, mit ihr gemeinsam einen Kaffee zu trinken. Zuhause war das Chaos ausgebrochen. Aber das kann man auch später beseitigen, dachte ich mir. Als wir Kaffee tranken, kam noch eine weitere Freundin vorbei, die wir dann auch noch mit zu uns eingeladen haben.
Es war schön zu entspannen. Schließlich hat man genug Termine und Arbeit. Und noch habe ich keine Tageskinder. Es haben sich zwar schon welche beworben, wegen der Uhrzeit war es mir jedoch nicht möglich. Für mich war es nicht machbar, den Vorstellungen zu entsprechen, weil es eher die Ganztagsplätze sind, die gesucht werden. Ich kann ihnen aber nur halbtags anbieten. Irgendwann zu Hause angekommen, habe ich die Wäsche angesetzt, die Betten gemacht und was halt noch so im Haushalt anfällt. Die Zeit verging wieder einmal so schnell, so dass um 13:30 Uhr auch schon der Bus kam, der unseren Maxi nach Hause brachte.
Später holten wir dann noch Tobias aus dem Kindergarten ab. An diesem Tag regnete es, so dass wir zu Hause bleiben mussten. Wir haben die Möglichkeit genutzt und haben gemeinsam gespielt. Wir mussten aber um 16:30 Uhr doch noch los, weil Maxi um 17 Uhr eine Therapie hatte. Die beiden Brüder durften zusammen turnen, was den beiden auch sichtlich Spaß machte. Sie spielten gern zusammen, meine beiden Jungs. Uns blieb auch nichts anderes übrig als gemeinsam zu fahren, weil Daniel an diesem Nachmittag "frei" hatte. Er war Angeln. Das ist sein
Hobby. Nachdem wir um 18:00 Uhr wieder zu Hause waren, habe ich Abendbrot gemacht. Maxi bekam seinen Brei, Tobias und ich haben uns Fischstäbchen mit Nudeln gemacht. Einfach lecker! Daniel war von seinem Ausflug noch nicht zurück. Nach dem Abendessen habe ich die Jungs umgezogen, es war für sie Schlafenszeit. Um 19 Uhr ging es dann ins Bett. Tobias mag gerne „Findus und Peterson“ hören, darum habe ich den Jungs den CD Player angeschalten. Maxi überkam die Müdigkeit und so schlief er sofort ein. Tobias konnte nicht so gut einschlafen. Er hatte in der letzten Zeit Angst. Auch ein Buch, was ich ihm gekauft hatte, wo ich
dachte, das es ihm helfen könnte, nützte nichts. Um 20.30 Uhr kam Daniel nach Hause. Tja, dann war Tobias erst recht nicht mehr müde. Der Papa hat ihn später wieder ins Bett gebracht und endlich ist auch Tobias eingeschlafen. Auch ich bin an diesem Abend vor Müdigkeit sehr schnell eingeschlafen.

3. Oktober 2008

Der Tag begann super. Wir haben schön lange und in Ruhe gefrühstückt. Und uns dann fertig und chic gemacht. Nachdem ich etwas aufgeräumt hatte, sind wir zu meiner Mutter gefahren. Denn der Uropa von Maxi und Tobias ist aus Polen auf Besuch. Es war richtig schön, denn auch mein Bruder und mein Onkel waren da. Es gab ein sehr leckeres Mittagessen und am Nachmittag fein schmeckenden Kuchen. Die Kinder haben schön gespielt und dabei ist es spät geworden. Immerhin, hatte man sich lange nicht mehr gesehen. Wir waren erst um 21:00 Uhr Zuhause eingetroffen und Maximilian und Tobias hatten bei ihrer Oma Abendbrot gegessen. Also brauchten wir sie nur noch umziehen und ins Bett bringen. Wir, Daniel und ich, waren auch ziemlich geschafft. Es war ein langer Tag.
Aber für uns gab es zwischendurch keine Pause.
Unsere Nachbarn, die überhaupt nicht friedlich sein konnten, haben zum vierten Mal in Folge eine ausgiebige Party gefeiert. Bis 22 Uhr haben wir es uns gefallen lassen, aber danach wurde die Musik unerwartet noch lauter aufgedreht. Auf dem Balkon stapelten sich die Leute und das Gerede wurde auch immer lauter. Man konnte einen regelrecht überfüllten Balkon sehen. Wir konnten kein einziges Fenster offen lassen, denn es war nicht auszuhalten. Maxi hatte sehr große Schwierigkeiten einzuschlafen. Deshalb informierten wir die Polizei in Wentorf, um uns zu beschweren. Die haben die Daten aufgenommen und uns gesagt, dass sie eine Streife vorbei schicken würden. Tja, es wurde nicht leiser. Gegen 23:00 Uhr haben wir erneut bei der Polizei angerufen. Die Erklärung, dass sich die Nachbarn doch nur unterhalten würden, reichte der Polizei offensichtlich. Sie taten es ab. Es sei immerhin nicht so schlimm.
Von Musik wäre angeblich nichts zu hören. Da verstummte ich, weil ich dachte, dass das doch gar nicht wahr sein kann. Die Polizei war wohl nur kurz da gewesen und sind sicher nicht mal näher ans Haus heran gegangen. Und wieder dröhnte die Musik von nebenan zu uns herüber. Ich war wirklich sprachlos. Wir ergriffen selbst die Offensive und mein Mann ging rüber, um höflich zu bitten, etwas leiser zu machen,
weil unsere Kinder schlafen wollten und es bei diesem Krach unmöglich war. Da wurde der Nachbar sehr laut und begann, unsere Kinder grundlos zu beschimpfen. Er meinte: „Ich muss schließlich auch den Lärm eurer Kinder ertragen." Also, so viel Hass auf unschuldige Kinder habe ich noch nie erlebt. Ich war schon wieder fast vor einem Zusammenbruch. Ich kann es nicht leiden, wenn man so über Kinder spricht, die ganz normal spielen und nichts anderes machen. Die spielen kein Ball, fahren kein Bobbycar und sind bei schönem Wetter immer draußen.
Ich verstehe es einfach nicht, wie man dermaßen kinderfeindlich sein kann. Ich bin echt platt. Und dass man noch dazu von der Polizei, „deinem Freund und Helfer", im Stich gelassen wird, hatte ich auch nicht erwartet. Wir beschlossen diesen Fall unserem Vermieter zu melden. So was geht mal gar nicht. Das Ergebnis war allerdings, dass ich erst um drei Uhr morgens einschlafen konnte, weil es eher einfach nicht möglich war. Die haben bis zu diesem Zeitpunkt die Musik so laut aufgedreht gehabt. Aber nicht nur das, denn nachdem wir uns persönlich bei ihnen beschwert hatten, wurden

zudem Tische und Stühle beabsichtigt geräuschvoll hin und her geschoben und extra laut gesungen. Ich bin einfach nur geschafft und möchte, das diese Nachbarn von hier wegziehen. Aber im gleichen Haus, nur etwas Weiter runter, ist eine Wohnung frei geworden und wir hoffen, dass eine Familie mit Kindern in diese Wohnung einziehen wird, weil wir momentan die einzige Familie mit Kindern sind. Es waren mal zwei Parteien mit Kindern. Hoffentlich werden wir bald, gegen diese Kinderfeindlichkeit, von anderen Eltern unterstützt.

9. Oktober 2008

Als ich an diesem Morgen aufwachte, fühlte ich mich kränklich. Unter anderem tat mir mein Hals weh. Ich weckte Maxi, der heute bis um 7 Uhr schlief. Der Bus kam um 7:30 Uhr. Er war durch die laute Musik am Vorabend immer wieder wach geworden. Erst gegen 5:00 Uhr ist er dann endlich eingeschlafen. Dementsprechend war er auch noch sehr müde. Nachdem sich Maxi angezogen und seine morgendliche Milch getrunken hatte, haben wir es aber noch rechtzeitig geschafft, den Bus zu erreichen. Tobias schlief noch, als ich nach ihm gesehen habe. Ich habe dann noch einen Kakao getrunken, bis Tobias aufgewacht ist. Dann hat er sich angezogen und wir sind, nachdem auch er seinen Kakao getrunken hatte, zum Kindergarten aufgebrochen. Als ich wieder zu Hause war, überkam mich die Erschöpfung.
Nur einen Tag vorher war ich bei einem Vereinstreffen "Ich sind Wir". Das ist ein Verein, der von den Eltern der Hachede-Schule gegründet wurde. Es war ein langer Abend und ich habe endlich Herrn Schmid kennen gelernt. Hätte ich das gewusst, dann hätte ich für ihn einen riesigen Blumenstrauß mitgebracht. Denn er macht viel für unsere Kinder und ist ein außergewöhnlicher Mensch.

27. Oktober 2008

Heute ist ein super schöner Tag! Warum? Der Maxi geht wieder zur Schule. Er ist fast vor Freude ausgeflippt, als ich seine Schultasche bereit gestellt habe. Darüber hat er sich riesig gefreut. Ihm fehlte die Schule. Aber es waren Ferien und er musste nicht in die Schule gehen. Heute konnte er nicht zeitig genug am Bus sein. Dabei hat er nicht einmal seine Milch ausgetrunken. Tobias und ich sind zum Kindergarten gefahren und um halb zehn kam Herr Schmid zu uns. Darüber habe ich mich sehr gefreut. Endlich konnte ich mich bei ihm persönlich bedanken. Ich habe ihm einen schönen Blumenstrauß und eine große Packung Pralinen geschenkt und ihn ebenso umarmt. Er ist wirklich ein Engel. Als ich ihm das mit unseren Nachbarn erzählte, hat er nur mit dem Kopf geschüttelt und uns angeboten, dass wenn so etwas noch mal vorkommt und diese Leute wieder Ärger machen, er sich einmischen wird und ihnen über den Verein einen Brief schreiben wird. Wenn es dann nichts bringt, würde es öffentlich gemacht.
Ich möchte einfach, dass wir vor diesen Leuten Ruhe haben und es gar nicht erst so weit kommt. Denn unsere Nerven brauchen wir für wichtigere Dinge. Wir haben mit Herrn Schmid Kaffee getrunken und da wir am Freitag nach Holstein in Waldschlösschen zur Tagung von Zukunftswerkstätten fahren

wollten, gab er uns dafür Tankgutscheine mit. Da haben wir uns natürlich sehr darüber gefreut. Wenn es bloß mehr dieser besonderen Menschen gäbe! Es würde so manches erleichtern. Ich bin gespannt, was bei der Tagung so besprochen wird und wie viel Freizeit wir haben werden. Wir wollten nämlich dort sehr gern in das Wikinger Museum gehen. Aber sonst gibt es im Waldschlösschen auch ein Schwimmbad und eine Sauna. Da werden sich die Kinder gut austoben können, denn beide lieben immerhin das Wasser.

13. November 2008

Die Tagung war interessanter als angenommen und es war ein schönes Gefühl zu wissen, dass man nicht alleine ist. Es waren Eltern dabei, die sich in einer ähnlichen Situation befanden wie wir und sich dementsprechend auch fühlten wie wir. Tatsächlich gibt es Eltern deren Kinder auch sehr viel laufen aber nicht wissen, wohin und so werden sie orientierungslos.
Es ist immer sehr anstrengend mit einem Kind, welches mit solch einer Behinderung leben muss.
Ein Elternteil äußerte einen ähnlichen Satz wie:
„Ein Rollstuhlkind ist auch was feines."
Aber so was sagt man nun mal in der Erschöpfung heraus, wenn man nicht mehr kann und immer ohne Ruhe hinter einem nicht orientierten, entwicklungsgestörtem Kind her laufen muss. Diesen Satz musste ich bestätigen, weil auch ich schon einmal solch einen Gedanken hatte. Ich bin sehr glücklich darüber, dass Max laufen kann. Aber manchmal aus purer Verzweiflung kommt dieser Gedanke dann schon mal zum Vorschein. Man ist ja selbst auch nur ein Mensch.
Dann wurden die Hamburger Kinderwünsche beschrieben. Unsere Wünsche waren, dass man uns finanziell unterstützen würde, dass wir unseren Kindern das Legoland zeigen könnten, wo sie Spaß daran haben würden und viele große Legosteingebäude sehen könnten. Das war unser Traum. Regulär können wir unseren Kindern so etwas bis heute nicht bieten. Es entstehen so viele andere Kosten, die man mit einem behinderten Kind hat, dass man solche Ausflüge nicht umsetzen kann.
Ich versuche mir zwar ein zweites Standbein als Tagesmutter aufzubauen, aber bis jetzt ziemlich erfolglos. Das hatte ich mir anders vorgestellt, als ich den Kurs für Tagesmütter besuchte. Irgendetwas wollte ich machen, damit es uns finanziell besser geht. Aber dieser Beruf ist nicht einfach.
Es gibt bei fast allen Eltern, die Tagesmütter suchen, den Wunsch, dass die Kinder ganztags betreut werden. Das ist für mich allerdings nicht umsetzbar. Nachmittags ist bei uns nun mal Therapie mit Maxi angesagt und das drei mal die Woche. Und Tobias soll auch nicht zu kurz kommen. Nun versuchen wir es bei Tobias mit Kung-Fu und hoffen, dass wir das so mit den finanziellen Möglichkeiten, die wir haben, auch beibehalten können. Immerhin haben Tobias die Probestunden riesigen Spaß gemacht.

19. November 2008

Gestern habe ich bei Maxi einen Zahn entdeckt, der aus dem Gaumen raus wächst.
Und für heute haben wir einen Termin bei der Zahnärztin bekommen.
Sie musste uns allerdings zum Kieferchirurgen verweisen.
Der wird feststellen, ob es sein dritter Schneidezahn (Milchzahn ist) oder ob es

schon einer der zweiten Zähne ist. Höchstwahrscheinlich wird Maxi eine Narkose bekommen, sollte der Zahn raus müssen. Was er zu höchster Wahrscheinlichkeit wohl über sich ergehen lassen muss, denn er wächst ja aus dem Gaumen heraus und dabei kann die Zunge verletzt werden. Ich bin also echt nicht gut drauf, weil ich mir Sogen mache. Für Maxi ist es dann bereits die fünfte Narkose in seinem kurzen Leben und das ist wirklich viel. Wollen wir das Beste hoffen. Nun haben wir heute noch Therapie, da bin ich auch etwas abgelenkt.

25. November 2008

Heute habe ich mit den Leuten von www.dolfin-space-program.de telefoniert.
Das ganze Programm ist fast so wirksam wie eine echte Delfin-Therapie und gilt für die ganze Familie als eine Art Entspannungsurlaub. Nur sind die Kosten sehr happig, aber günstiger als eine richtige Delfin-Therapie. Es kostet für fünf Tage zweitausendsechshundert Euro. Für Maxi wäre das eine Chance und sehr viel wert.
Ich hoffe immer noch, dass sich jemand meldet und uns hilft, damit die Therapie für Maxi realisierbar wird. Wenn ich im Fernsehen diese ganzen Sendungen sehe, wo Kinder mit Spenden zur Delfin-Therapie geschickt werden, könnte ich jedes Mal weinen. Weil ich mit den Eltern mitfühle.
Denn nichts wünschen wir uns sehnlicher für Maxi.
Es gibt viele Kinder, die viel, viel weniger Leid ertragen müssen als Maxi und die trotzdem unterstützt werden. Da frage ich mich, wie das zustande kommen kann.
Meine Anfragen wurden bisher nicht einmal beantwortet, wenn ich über Maxi berichte.
Ich habe schon oft an Organisationen geschrieben. Sogar fremde Leute haben für mich dort hin geschrieben und doch kam nie eine Antwort zurück.
Ich bin manchmal wirklich am verzweifeln, denn wir können uns so eine Therapie beim besten Willen nicht leisten. Mein Mann ist Alleinverdiener und ich habe extra eine Grundqualifikation zur Tagesmutter gemacht. Aber leider habe ich keinen Erfolg, da ich nur Vormittags Kinder zur Tagesbetreuung nehmen kann.
Und hier werden nur ganztags Tagesmütter gesucht. Somit kann ich auch nichts beisteuern um zu sparen. Wir sind ein vier Personen Haushalt und haben einen Verdienst, den wir für die Haushaltskasse brauchen. Mit Maxi haben wir ja auch viel mehr Kosten, als vergleichsweise mit zwei gesunden Kindern.
Ich weiß einfach nicht mehr weiter. Und doch sage ich mir immer wieder, nur die Hoffnung nicht aufgeben!

Hab Sonne im Herzen!
Hab Sonne im Herzen,
ob's stürmt oder schneit.
Ob der Himmel voll Wolken,
die Erde voll Streit!
Hab Sonne im Herzen,
dann komme, was mag,
das leuchtet voll Licht dir
den dunkelsten Tag!
Hab ein Lied auf den Lippen,
mit fröhlichem Klang
und macht auch des Alltags
Gedränge dich bang!
Hab ein Lied auf den Lippen,
dann komme, was mag,
das hilft dir verwinden
den einsamsten Tag!
Hab ein Wort auch für andre
in Sorg und in Pein
und sag, was dich selber
so frohgemut lässt sein:
Hab ein Lied auf den Lippen,
verlier nie den Mut,
hab Sonne im Herzen,
und alles wird gut!

Cäsar Otto Hugo Flaischlen

Tagebucheinträge aus dem Jahr 2009

Nun haben wir die Weihnachtstage gut überstanden und das neue Jahr begrüßen dürfen. Die letzten Wochen haben uns sehr vereinnahmt und daher hatte ich keine Zeit, um hier weiter zu schreiben. Der Maxi hat seine Zahn Operation am 08.01.2009 vor sich. Wieder einmal muss ich Maxi in die Obhut der Ärzte geben. Ich muss den Ärzten vertrauen und das ist es, was es für mich schwer macht. Immerhin ist es nun das fünfte Mal, das Maxi eine Vollnarkose bekommt. Es ist nicht so gravierend, wie damals bei seinen Herz Operationen, wo man um das Leben von Maxi bangen musste. Aber trotzdem ist die Angst, dass etwas schief gehen könnte, vorhanden. Man hört immer sehr viel in den Nachrichten.

***

Nun habe ich auch noch unser Zweitauto zu Schrott gefahren. Es ist keinesfalls so, dass wir zu wenig Stress haben, da musste es natürlich noch das Auto sein.
Das Zweitauto war für uns ganz wichtig, denn wir fuhren damit Maxi zu seinen Therapien. Nun müssen wir uns darum kümmern, dass wir einen neuen, möglichst gebrauchten Zweitwagen bekommen. Wir wollten etwas Geld zur Seite legen, weil mein Mann etwas zusätzlich bekommen hat. Zwar ist es nicht viel aber es wäre ein weiterer Schritt in Richtung Delfin-Therapie gewesen. Ich bin echt super traurig darüber!

29. Januar 2009

Ich habe erfahren, dass mein Auto repariert werden konnte. Ich freue mich darüber. Wir haben nun Teile vom Schrotthändler besorgt und mein Mann hat dann alles selber eingebaut. Das Einzige wo wir noch zusätzlich Geld ausgeben mussten, war der Kotflügel. Der musste in einer anderen Farbe umlackiert werden, da wir ihn nicht in der gleichen Farbe bekommen haben. Das hat alles nun viel weniger gekostet, als es bei einer Werkstatt der Fall gewesen wäre. Wie gut, dass mein Mann handwerklich begabt ist. Aber es liegt wohl in der Familie. Alle haben handwerkliche Berufe erlernt.

***

Nun hat sich sogar bei mir in der Tagespflege neues ergeben. Und ich freue mich, dass es vorwärts geht. Ich betreue jetzt jeden zweiten Montag- und jeden zweiten Donnerstagnachmittag ein Geschwisterpaar, welches nicht weit von uns entfernt wohnt. Da fahre ich hin und es ist schön. Ich freue mich über so positive Erlebnisse.

***

Meine Großeltern haben bald goldene Hochzeit, das ist schon etwas Besonderes. Maxi geht es in der Schule gut, was ebenfalls viel wert ist. Die sind dort echt super! Und auch Tobias fehlt es im Kindergarten an nichts.

10. März 2009

Mal sehen, ich habe jetzt eine neue Aktion bei StudiVZ gestartet, indem ich eine Gruppe erstellt habe, wo sich Helfer und Leute mit Ideen anmelden und helfen können. Da gab es bereits zwei Ideen und ich hoffe, es kommen noch mehr dazu. Denn ich möchte, dass wir es Maxi endlich ermöglichen können, eine Therapie zu machen. Denn nur mit den Spenden ist es uns möglich. Also haben wir zur Hilfe aufgerufen. Jeder kann sich dort anmelden. Hier der Link zu der Seite, wo man sich erkundigen kann und was dort alles in der Therapie gemacht wird. Aber natürlich ebenso wie erfolgreich diese ist. Hier die Adresse: www.dolfin-space-program.de.

5. April 2009

Nun sitze ich hier und schreibe mal wieder ein paar Zeilen. Uns geht es momentan nicht so gut, denn letztes Wochenende war Tobias krank. Er lag mit Fieber im Bett und konnte ein paar Tage nicht in den Kindergarten gehen. Und auch Maxi hat nun seit gestern Nachmittag Fieber. Wir sind am Freitag auf den Campingplatz gefahren, weil es schön werden sollte und es Tobias schon wieder besser ging. Aber gestern war Maxi dann sehr schlapp und bekam Fieber. Er hat viel geschlafen und das Fieber ist gesunken. Daniel und Tobias sind bei dem schönen Wetter zum Camp gefahren und ich kümmere mich Zuhause um Maxi. Finanziell ist die Lage bei uns auch auszuhalten. Zugegeben es könnte besser sein. Die Firma meines Mannes musste ihre Angestellten auf vier Monate Kurzarbeit setzen. Nun haben wir weniger Geld zur Verfügung. Das ist echt frustrierend. Wir haben jetzt Kindergeld beantragen müssen und wollen sehen, ob wir da eventuell etwas bekommen. Eine Kindergartenermäßigung haben wir auch versucht zu bekommen. Die Unterlagen haben wir fortgeschickt und prompt eine Absage bekommen.
Daraufhin haben wir Widerspruch eingelegt. Vielleicht bringt es doch etwas. Ab und zu legt uns das Leben Steine in den Weg, wo sehen muss, wie man die aus dem Weg räumen kann. Oft ist es auch der Fall, dass man sich vor den Behörden finanziell nackig machen muss. Manchmal echt zum Verzweifeln.
Meistens trifft es diejenigen, denen es eh schon schlecht geht.
Und dann heißt es, dass man für das eigene Recht kämpfen muss, um etwas zu erreichen. Dabei ist es meist so, dass denen, die wirklich alles haben und denen es an nichts fehlt, alles bekommen und genauso alles genehmigt bekommen. Man könnte glauben, es wird häufig nach Sympathie entschieden. Manchmal ist schon alles blöd!

***

Nicht einmal dem Wunsch von Tobias zum Dom zu fahren, konnten wir nachkommen. Denn wegen der Kurzzeitarbeit meines Mannes müssen wir das Geld noch mehr als je zuvor zusammenhalten.

15. April 2009

Wir haben Ostern gut überstanden. Und doch ging es mir immer noch nicht besser. Ich hatte den Verdacht, dass es bei mir die Lunge ist, die Probleme machte und so musste ich mal einen Tag finden, an dem ich zum Arzt gehen konnte. Zumindest dem Rest meiner Familie geht es besser. Wir hatten aber noch andere Probleme zu lösen, denn mein Mann bekam fast dreihundert Euro weniger als im Vormonat. Keine Ahnung wie wir das schaffen sollen. Und wir wissen auch nicht, wie lange das mit der Kurzzeitarbeit noch ging.
Tja, es kann jeden treffen und das ist mir in dieser Zeit, noch mehr bewusst geworden. Darum bin ich auch so dankbar, dass es uns eigentlich an nichts fehlt.

Weihnachten offenbart die Temperaturen im Umgang der Menschen untereinander.

Karl Lehmann (*1936) deutsch, katholischer Theologe

Ein Weihnachtswunder

Ende 2010 meinte es das Leben gut mit uns.
Dafür möchten wir uns bedanken.

(Eintragung vom 07. Januar 2010)

Nun ist sehr viel Zeit vergangen und ich schreibe ein paar Zeilen.
Das letzte halbe Jahr 2009 ist ohne nennenswerte Krankheiten oder andere negative Ereignisse vergangen. Wir haben von der "Aktion Kindertraum" eine dreitägige Reise ins Legoland Deutschland geschenkt bekommen. Es war suuuuper schön.
Wir haben jeden Tag dort genossen. Wir haben vom 24.06. bis 26.06.09 die Tage dort verbracht und am 25.06. hatte Maxi Geburtstag, den wir dort ebenfalls gefeiert haben. Es war traumhaft schön! Dafür möchten wir uns bei der "Aktion Kindertraum" mit einer riesigen Umarmung, die von Herzen kommt, bedanken!
Außerdem haben wir vom Radio Hamburg sechshundert Euro für Bettwäsche, Winterbekleidung und für Spielzeug bekommen. Auch dafür möchten wir uns mit einer intensiven Umarmung bedanken!
Die Kinder haben sich sehr schöne Jacken, tolle Bettwäsche sowie eine Carrerabahn ausgesucht. Die Carrerabahn hatte mir Maxi immer in den Kinderkatalogen gezeigt und uns signalisiert, dass er sich diese wünscht. Er spielt jeden Tag mit einem riesigen Lächeln damit und lacht sich kaputt, wenn die Autos aus ihrer Fahrbahn fliegen.

- Ein kurzes Nachwort -

Mit einem behinderten Kind zu leben, ist für viele Familien nicht vorstellbar.
Es ist auch nicht einfach, wie dieses Buch zeigt.
Oft brechen Beziehungen deswegen auseinander. Diese Familie hat es geschafft.
Sie haben zusammengehalten und es hat sie zusammen geschweißt.
Von der ersten Minute an haben sie sich für Maximilian entschieden.
Genauso glücklich waren sie, als Tobias, ihr zweiter Sohn, das Licht der Welt erblickt hat. Doch ganz ohne Schicksalsschläge schien es für die Familie nicht zu gehen.
Die Mutter der beiden Jungen bekam Krebs, der aber entfernt werden konnte.
Eine Fehlgeburt und auch von anderen traurigen Augenblicken wurden sie nicht verschont. Aber mit dem Willen einer Familie, die sich gegenseitig Halt und Zuversicht geben, haben sie es geschafft und haben sich dabei nicht verloren.

Sebastian Görlitzer